ZWILLINGE
das Magazin

Das Mitmach-Magazin für Zwillings- & Drillingseltern

Band 31
März/April 2018

© Marion von Gratkowski
Postfach 40 11 11
D-86890 Landsberg
Tel. 0049-(0)8344-809 95 39
info@twins.de
www.twins.de
Redaktion: Marion von Gratkowski
Titelfoto: Familie Klauschk
Fotos & Texte: Privat
Herstellung & Verlag: BoD - Books on
Demand, Norderstedt
1. Auflage März 2018
ISBN: 978-3-7460-7517-4

ZWILLINGE - DAS MAGAZIN Ausgabe März/April 2018 Nr. 31: 7,99 €, auch als E-Book für 5,99 €. ISBN 978-3-978-3-7460-7517-4 Bestellbar auf www.twins.de oder im Buchhandel - online & Laden.

Liebe Leserin, lieber Leser,
liebe Zwillingseltern, liebe Drillingseltern,

dies ist eine ganz besondere Ausgabe - es ist unser Jubiläumsheft: ZWILLINGE wird 30 Jahre alt! Die erste Ausgabe der speziellen Zeitschrift für Zwillings- und Drillingseltern kam im März 1988 raus. Und das nach ungefähr neun Monaten Planungszeit. Also - eine Geburt fast wie im richtigen Leben! Wir starteten mit einer Auflage von 1.000 Exemplaren. Und das Heft kam nur viermal im Jahr heraus, da ich damals noch als Redakteurin für das Industrie-magazin in München arbeitete.

Constantin (von links), Nicolai, Maximilian und Marion von Gratkowski

Von der Wirtschaft zu den Windeln

Von der Wirtschaft hat es mich dank meiner eigenen Zwillinge buchstäblich zu den Windeln verschlagen. Eine kurze Vorstellung unserer Zeitschrift, die noch ganz einfach schwarz/weiß und in der Größe DIN A4 gedruckt war, in der Mitgliederzeitschrift der Barmer Ersatzkasse katapultierte die Leserzahl schnell auf 2.000 Abonnenten rauf. Kein Wunder: bisher gab es keine spezielle Literatur für Zwillings- und Drillingseltern und so wurde der neue Leserstoff begierig aufgesogen.

ZWILLINGE ist eine Zeitschrift zum Mitmachen

Immer war es mir wichtig, dass die Zeit-schrift vor allem von den Eltern, den Lesern, selbst gemacht wird, insofern als die Beiträge aus deren Feder stammen sollten. Deshalb ist manches etwas einfach dahergekommen, Hochglanzfotos fehlten und auch manches Thema wurde kontrovers diskutiert.
In ihren Glanzzeiten (auch ohne Hochglanzfotos) hatte die Zeitschrift fast 6.000 Abonnenten im In- und Ausland. Als das Internet kam, profitierten wir erst von der größeren Reichweite. ZWILLINGE wurde noch bekannter. Danach begann der Abstieg, der der ganzen Printpresse zu schaffen macht. ZWILLINGE musste mit zuletzt 750 Abonnenten im Januar 2017 eingestellt werden. Ganze 70 treue Leser blieben uns erhalten, als ich auf das neue Format ZWILLINGE - DAS MAGAZIN wechselte. Diese Zeitschrift - wie sie jetzt erscheint - wird im Books-on-Demand-Verfahren hergestellt. Und nur das garantiert der Zeitschrift ein Weiterleben ... Danke an alle, die ebenfalls dazu beitragen, dass es so bleibt.

Viel Spaß beim Lesen - Ihre/Eure Marion von Gratkowski

ZWILLINGE - DAS MAGAZIN Nr. 32: Was ist darin geplant?

Zu folgenden Bereichen/Themen suchen wir noch Beiträge:

- Schwangerschaft & Geburt
- Kaiserschnitt
- Stillen/Fläschchen füttern
- Schlaflose Nächte
- Umstellung auf feste Kost (Brei)
- Frühlingsideen - Basteln, Beschäftigung, Draußen & Drinnen

- Streit, Konkurrenz, enge Verbindung
- Kindergartenstart
- Schule - Trennung oder nicht?
- Urlaubsideen für den kommenden Sommer
- Rezepte für das Backen & Kochen mit Zwillingen

Wie Sie Ihre Beiträge schicken können, steht auf Seite 14.

Was finde ich jetzt wo, wenn es hier nicht mehr steht?

- Termine & Veranstaltungen finden Sie ab sofort auf unserer Internetseite www.twins.de
- Eine Übersicht über unser komplettes Buchprogramm finden Sie ebenfalls auf unserer Homepage unter www.twins.de
- Auch all die Hefte der bisherigen Zeitschrift, die man sich noch bestellen kann, sind unter www.twins.de zu finden.
- Neuerungen werden auch auf Facebook auf unserer Seite „zeitschrift zwillinge" oder im Blog www.zwillingemachenkriegenhaben.de bekannt gegeben.

Es lohnt sich also immer, auch einmal einen Blick auf unsere Homepage zu werfen oder einfach den newsletter auf www.twins.de zu abonnieren, da wir Sie dann immer einmal wieder mit unseren Neuerungen bekannt machen.

BEZUGSBEDINGUNGEN

- ZWILLINGE - DAS MAGAZIN löst unsere bisherige Zeitschrift ZWILLINGE ab.
- Erscheinungsweise: zweimonatlich.
- Erscheinungstermine sind: 26. März 2018, 28. Mai 2018, 30. Juli 2018, 24. September 2018 und 26. November 2018 (unter Vorbehalt) usw.
- Das Magazin kann einzeln oder im Abonnement bezogen werden.
- Einzelhefte kosten 7,99 Euro plus Porto 1,- Euro.
- Abonnements kosten 54,- € befristet auf 1 Jahr; 52,- € fortlaufend bis zur Kündigung eines Tages.
- Abonnements gelten fortlaufend und mindestens 1 Jahr = 6 Hefte.
- Die Kündigung muss schriftlich erfolgen per E-mail an info@twins. de oder per Brief (KEIN Einschreiben!!!) an unsere Adresse:
- ZWILLINGE, Postfach 40 11 11,

D-86890 Landsberg am Lech.
- Unser Fax: 0049-(0)8344-809 95 40.
- Einzelhefte und Abonnements müssen vorausbezahlt werden.
- Unsere Bankverbindung: Hypovereinsbank Landsberg, Lutz von Gratkowski, IBAN: DE77 7202 0070 6110 3155 60, SWIFT-BIC: HYVEDEMM408
- Zahlung per Paypal geht in Verbindung mit unserer E-mail-Adresse. ABER: **Bitte Gebühren zu Ihren Lasten!**
- Alle Rechte für den Inhalt liegen bei Marion von Gratkowski, Verlag von Gratkowski, Postfach 40 11 11, D-86890 Landsberg.
- Unsere Internetpräsenz: www.twins. de, E-mail: info@twins.de
- Etwas unklar? Rufen Sie mich bitte an: Tel. 08344-809 95 39.

Briefe an die Redaktion

Eigentlich wollten wir die Rubrik „Leserbriefe" weglassen. Aber es wäre doch schade, wenn unsere Leserinnen und Leser keinen Beitrag mehr kommentieren dürften. Also - einigen wir uns darauf, nur zwei Seiten (statt bisher vier) zu veröffentlichen.

Besser spät als nie ... möchte man auf den netten Brief von Friederike antworten. Sie schrieb kurz nach ihrer Bestellung an uns: Ich habe gerade das erste Mal in Ihrem Twinshop ein paar Zeitschriften bestellt und abonniert. Jetzt möchte ich direkt ein paar ruhige Minuten nutzen, um Ihnen zu schreiben.

Mein Name ist Friederike und wir - das sind ich, mein Mann Jörg und unsere Zwillinge Mia und Tim (sie werden nächste Woche drei Jahre alt) - leben in Haan bei Düsseldorf.

Eine bekannte Zwillingsmutter hier aus Haan hat mir Ihre tolle Zeitschrift vor kurzem nähergebracht, ihre Zwillinge sind inzwischen schon fast 9 Jahre alt und sie hatte die Zeitschrift von circa 2009 bis 2013 abonniert. Ich habe die Zeitschriften nur so verschlungen und freue mich nun auf die neueren Ausgaben.

Leider habe ich die Zeitschrift erst so spät kennengelernt, ich habe auch in zwei Zwillingsgruppen mit insgesamt circa 30 Mitgliedern gefragt, ob jemand bereits die Zeitschrift abonniert hat, aber leider niemand. Somit konnte mich leider auch keiner werben. Vielleicht mögen Sie mir die Gratisexemplare ja dennoch zukommen lassen? Ich würde mich sehr darüber freuen. Vielleicht bekomme ich ja noch die ein oder andere dazu, Ihre Zeitschrift zu abonnieren.

Mein Mann hat auch gerne in der Zwillinge Zeitschrift geblättert, besonders interessant fand er natürlich die Berichte von Michael E. (veröffentlicht im Jahr 2013).

Mein Mann bringt sich auch mit sehr großem Engagement

Tim und Mia - schon drei Jahre alt.

ein und hat sich darin sehr wiedergefunden. Lustig daran ist auch, dass wir ebenfalls einen geplanten Kaiserschnitt für den 19.12. terminiert hatten, allerdings natürlich ein paar Jahre später und bei uns ist es auch bei dem Termin geblieben.

Gerne schreibe ich Ihnen bei Gelegenheit wieder ein paar Zeilen ...

Das sagt die Redaktion dazu:
Freut mich, dass Ihnen die Zeitschrift gefällt. Und klar, gerne können Sie etwas beisteuern. ZWILLINGE soll ja nicht nur von mir gemacht werden ... Übrigens: Wir veröffentlichen

die meisten Texte anonym. Warum? Weil ZWILLINGE - DAS MAGAZIN auch als E-Book herauskommt und Google ungefragt Seiten abgreift, um sie im Internet zu veröffentlichen. Um Missbrauch vorzubeugen, anonymisieren wir Eure/Ihre Beiträge.

Svenja aus Lübeck ist eine der fleißigsten Schreiberinnen für unsere kleine Zeitschrift. Das Buch, für das sie sich bedankt, hat sie in einer Verlosung gewonnen.
Ich wollte mich kurz für das Buch aus der Blogverlosung bedanken. Es ist wirklich sehr schön und die Jungs haben sich sehr gefreut. Meine Bücherwürmer haben auch gleich gefordert: „Mamaaaaa, nesen Buch ..." Also haben wir gemütlich, alle unter der Wolldecke das Buch inspiziert. Viele Grüße aus dem verregneten Lübeck ... (Svenja F.)

Für Zwillinge wichtig: ein zweites Fahrzeug. Sören und Emil freuen sich. Der Osterhase hat's schon letztes Jahr gebracht. Und dieses Mal?
Endlich war der Osterhase da. Wir haben im Garten gesucht und gefunden. Wir haben ein zweites Kettcar bekommen, bzw. im Garten gefunden! Endlich haben wir zwei davon und müssen uns nicht immer streiten um das eine Kettcar von unserem Bruder Björn. Der fährt schon Fahrrad und wir sind jetzt groß genug, um endlich mit dem Kettcar zu fahren, weil wir jetzt die Kraft in den Beinen haben. Das Kettcar fahren macht richtig Spaß! Und Ostereier suchen natürlich auch. Viele Grüße von Emil, Sören und auch Björn.

Das Buch kann man direkt bei Jannika Bock bestellen: Es kostet 19€ plus 2€ Versand. Wenn Ihr ein Buch haben möchtet, schreibt bitte an tvilling.books@gmail.com.

Überraschung: nochmal zwei Kinder

Eigentlich war die Familienplanung bereits abgeschlossen, doch dann wusste Dreifachmutter Marianne plötzlich: Ich bin wieder schwanger. Für ihren Mann Harald machte sie einen Schwangerschaftstest. Und Harald war erst einmal besorgt: Wie sollten sie es mit vier Kindern schaffen?

Ich möchte hier meine siebenköpfige Familie vorstellen und damit alle ermutigen, die sich schon bei einem Zwillingspaar fürchten, ans Ende ihrer Kräfte zu kommen. Abends fühle ich ich zwar oft schlecht, weil ich das Gefühl habe, eines der Kinder könnte zu kurz gekommen sein. Doch unsere fünf Kinder geben sich auch gegenseitig eine Menge.

Zwillingsgeburten sind nicht zwangsläufig Risikogeburten

Außerdem möchte ich allen Mut machen, die sich von einer „Risikoschwangerschaft" verunsichern lassen. Deshalb braucht man noch lange nicht Abschied zu nehmen von einer natürlich und komplikationslosen Geburt. Wichtig sind meiner Meinung nach Zuversicht und Vertrauen in den eigenen Körper. Aber, lasst Euch erzählen ... Auch dieses Mal merkte ich gleich, dass ich schwanger sein musste. Ich hatte schließlich schon Erfahrung mit drei Kindern. Der Schwangerschaftstest, den ich dann trotzdem machte, war also mehr für meinen Mann, der sich wirklich Sorgen machte, wie das gehen sollte mit vier Kindern ... eigentlich war unsere Familienplanung mit drei Kindern abgeschlossen gewesen. Etwa vier Wochen haben wir gebraucht, um uns an den Gedanken zu gewöhnen, noch einmal Eltern zu werden. Unser drit-

tes Kind, Andrea, war auch noch ziemlich klein. Keine leichte Aufgabe.
Zur Vorsorge ging ich erst einmal zu meiner Hebamme der vorangegangenen Geburten.
Die erste Ultraschalluntersuchung bei meinem Frauenarzt (in der 12. Schwangerschaftswoche) wurde jedenfalls mit Spannung erwartet. Das erste Fotos eines Kindes ist ja immer ein besonderer Moment. Und so war es hier auch ... allerdings anders, als wir uns das vorgestellt hatten.
Der Arzt zeigte mir freudig den Fötus auf dem Ultraschallmonitor und sagte dann einen Satz, der unser Leben komplett verändert hat: „Da ist ja nochmal eines!" Wir waren schockiert. Ich brach erst einmal in Tränen aus und auch mein Mann schluckte schwer. Der Arzt wusste nachher nicht, ob er uns Beileid wünschen sollte oder gratulieren.

Mein Mann hat den siebten Sinn: Jetzt sind wir sieben

Mein Mann hatte von Anfang an so ein Gefühl gehabt ... quasi einen siebten Sinn und nun sollten wir bald zu siebt sein. Wir waren anfangs echt verzweifelt, da unsere Wohnverhältnisse jetzt schon beengt waren. Wie sollte das mit zwei weiteren Kindern gehen?
Meine Hebamme hatte dann in den

Da die Zwillingsmädchen kräftig waren und ihre Mama bereits erfahren, durften die drei schon nach nur zwölf Stunden in er Klinik nach Hause.

folgenden Wochen einen großen Anteil daran, dass wir uns an den Gedanken an Zwillinge gewöhnen konnten. Sie sagte: „Wenn einer das schafft, dann seid Ihr das!" Und dieses Zutrauen in uns brachte letztendlich die Freude auf unsere zu erwartenden Zwillinge zurück. Wir fühlten uns „auserwählt".

Die weitere Schwangerschaft verlief denn auch problemlos. Ich hatte zwar einen riesigen Bauch, aber ich fühlte mich zuletzt wirklich so wohl wie nie.

Wir haben dann unsere Zeit bis zur Geburt noch einmal in vollen Zügen genossen. Wir haben noch einen Urlaub gemacht und diesen richtig genossen, in dem Wissen, dass dies so leicht nicht mehr möglich sein würde.

Zu schaffen machten uns auch die „lieben" Mitmenschen, die - sobald wir erzählten, dass noch einmal Zwillinge zuerwarten wären - mit ziemlich fiesen Sprüchen kommentierten. Bis heute reißen blöde Kommentare nicht ab. Das ist sehr schade. Die Babys entwickelten sich trotzdem

sehr gut und so überlegte ich bald, ob ich wieder eine Hausgeburt wagen könnte. Die Ultraschalluntersuchungen hatten ergeben, dass das zweite Kind in Steißlage lag - also nicht gerade optimal für eine Hausgeburt. Zwar hatte sie sich in der 32. Woche richtig gedreht, doch dann wieder zurück - ihr schien die Position nicht zu gefallen. Das sind natürlich nicht ganz optimale Voraussetzungen für eine Hausgeburt. Die Entscheidung wurde uns dann drei Wochen vor dem eigentlichen Geburtstermin abgenommen.

Die Fruchtblase war am frühen Morgen gesprungen. Obwohl wir sehr aufgeregt waren - trotz unserer „Routine" - hielten wir uns zurück und riefen die Hebamme erst an, als es kurz vor 8 Uhr war. Sie kam dann auch gleich und erlaubte mir, trotz Blasensprungs herumzulaufen. Nun sollte sich eigentlich innerhalb 24 Stunden etwas tun ... wir fuhren also schon einmal los in die kleine Klinik.

Die von uns ausgesuchte Klinik hat eine sehr familiäre Atmosphäre, allerdings ist sie etwas weiter von uns weg. Um 13 Uhr waren wir dann da und wurden freundlich aufgenommen. Ich wurde ans CTG angeschlossen und während der folgenden zwei Stunden zeigten die Kurven keine besonderen Ausschläge. Die Ärztin fand das zweite Kind nicht ... fuhr mit dem Schallknopf überall hin und her. Es musste sich versteckt haben. Schließlich wurde es gefunden - in Schräglage.

Ein Schock: Kaiserschnitt?

Der hinzugerufene Oberarzt sagte: „Kaiserschnitt." Dieses eine Wort fuhr uns mächtig in die Glieder - Kaiserschnitt? Aber er meinte, bei nur einem Kind hätte man eine Drehung wagen können - aber bei Zwillingen?

Wir packten also alles wieder ein und verließen die Klinik, um ein größeres Krankenhaus in unserer Nähe aufzusuchen. Denn wie sollten wir nach einem Kaiserschnitt mit anschließendem Klinikaufenthalt zurecht kommen, wenn doch zu Hause drei weitere Kinder auf uns warteten? Nicht, dass sie unversorgt gewesen wären. Aber die Organisation wäre schon zu Beginn schwierig gewesen. Und da ich noch keine Wehen hatte, schien dies die einzig vernünftige Entscheidung zu sein.

Wir wechseln die Klinik und fahren gut damit.

Angekommen in der anderen Klinik wurde gleich einmal eine Dopplersonografie gemacht. Es war schon fast 18 Uhr. Auch das obligatorische CTG wurde geschrieben. Ein freundlicher Arzt kam hinzu und erlöste uns von unserer Unsicherheit. Er gab grünes Licht für eine normale Entbindung.

Dann kamen auch gleich die ersten Wehen. Und das mit Macht. Anders als bei meinen vorangegangenen Geburten, schien es jetzt deutlich schneller zu gehen. Ich wurde von einer jungen Hebamme betreut, sie hätte die Tochter meiner alten Hebamme zu Hause sein können. Sie gab mir dennoch viel Sicherheit und ich überließ mich ihrer Erfahrung und eines homöopathischen Mittels.

Dann hatte ich plötzlich Pressdrang. Der Muttermund war anscheinend erst 6 Zentimeter geöffnet.

Die Hebamme war genauso überrascht und schon war unsere erste Tochter, Samira, da. Nach einer kurzen Verschnaufpause hatte es auch Katharina sehr eilig. Die wurde in nur 12 Minuten Abstand geboren.

Ich war einfach nur glücklich. Ich konnte die beiden gleich anlegen und nicht lange, da war auch die Plazenta da.

Die Mädchen waren groß und kräftig - 51 Zentimeter und 2.950 Gramm, 53 Zentimeter und 3.120 Gramm. Die Apgar-Werte waren top (also bei 10).

Im Nebenzimmer lernen wir uns nach der Geburt kennen.

Nach der Geburt konnten wir uns in einem Nebenzimmer kennen lernen. Die Atmosphäre war wunderbar - die Einrichtung vermittelte uns eine behagliche Situation - fast wie zu Hause. Trotzdem wollten wir so bald wie möglich nach Hause, schon um bei unseren anderen Kindern zu sein. Die Hebamme unterstützte dieses Vorhaben. Nach der ersten Nacht als dritte in einem Zweibett-Zimmer durfte ich nach Hause gehen - nur zwölf Stunden nach der Geburt und mit meinen beiden neuen Mädchen.

Zu Hause warteten schon unsere erstgeborenen Töchter sehnsüchtig auf die neuen Schwestern.

In der Klinik ließ man uns nach den üblichen Belehrungen anstandslos gehen. Zu

Da ist ab sofort richtig was los: im Fünf-Mäderl-Haus

Hause würde sich ja auch meine Hebamme um uns kümmern. Und das tat sie dann auch und kam täglich vorbei, um nach dem Rechten zu sehen und mich zu unterstützen.

Wir haben nicht bereut, spontan noch einmal die Klinik gewechselt zu haben. Auch fanden wir uns in dem größeren Krankenhaus sehr gut aufgehoben, denn obwohl der Klinikbetrieb größer war, haben sie dort viel Wert auf die Selbstbestimmung ihrer Patienten gelegt. Bei der Kreißsaalführung Wochen vorher hatte das noch anders ausgeschaut. Damals wurde uns die ganze Technik vorgeführt und wir fürchteten, dass dies auch alles zum Einsatz kommen würde.

Hausgeburt wäre möglich.

Theoretisch wäre bei uns auch eine Hausgeburt möglich gewesen - das hatte sich im Nachinein herausgestellt. Aber, es ist, wie es ist - und es ist gut so.

Nach der Geburt hatten wir sechs Wochen lang eine Haushaltshilfe, die von der Krankenkasse bezahlt wurde. Daran hätten wir uns gewöhnen können - aber, sie wurde danach nicht mehr bezahlt. Ich war in dieser Zeit schon sehr an meinen Grenzen, aber der medizinische Dienst, der über den Einsatz einer bezahlten Hilfe entscheiden musste, sah dies anders. Und so kämpften wir uns in der erste Zeit alleine durch schlaflose Nächte und Berge von Wäsche. Auch unsere Zweieinhalbjährige machte ja noch in die Hose ...

Jeder Tag = etwas mehr Freiheit.

Jetzt sind fünf Monate vergangen. Wir gewöhnen uns an die Belastung. Wir sind glücklich, dass sich unsere neuen Babys so gut entwickeln und unsere älteren Kinder keinerlei Eifersucht zeigen.

Etwa Freiraum erkaufen wir uns mit einem Babysitter, der sehr zuverlässig ist. Und jeden Tag wird es ja auch ein Stückchen leichter ... und ein bisschen mehr Freiheit taucht auf am Horizont. (Marianne)

Vanishing Twins - das Geheimnis der verschwundenen Zwillinge

Während der Frühschwangerschaft „verschwundene" Zwillinge sind immer im Fokus der Wissenschaft. Die Bloggerin Kate Philippa Clark (selbst ein Zwilling) hat das Thema mehrfach auf ihrer Internet-Seite www.about-twins.com aufgegriffen.

Die Sache mit dem „verschwundenen Zwilling" fasziniert auch die Forschung immer wieder. Es gibt eine neue Studie zum Thema, welche Auswirkungen das „Vanishing Twin Syndrome" auf den weiteren Verlauf einer Schwangerschaft hat. Vorgestellt wurde die neue Studie auf der online-Plattform von Kate Philippa Clark aus Dänemark, deren Zwillingsschwester ganz und gar nicht verschwunden ist.

Was ist das „Vanishing Twin Syndrome?" Vom Syndrom eines „Verschwundenen Zwillings" spricht man, wenn einer der Zwillinge im ersten Trimester der Schwangerschaft scheinbar „einfach so verschwindet". Im Gegensatz zu einer „normalen" Fehlgeburt oder einem Abgang werden bei diesem Syndrom keinerlei Anzeichen einer drohenden Fehlgeburt festgestellt. Der zweite Zwilling - oder besser gesagt, derjenige, der „verschwindet" - stirbt ab und wird entweder vom Mutterleib oder vom anderen Zwilling teilweise oder vollständig absorbiert. Das lässt uns dieses Syndrom ein wenig unheimlich erscheinen und nicht selten hört man von Gruselstories, bei denen Teile eines Zwillings nach Jahren im Körper eines Menschen gefunden werden, der meist nicht einmal wusste, dass er ein Zwilling ist.

Die neue Studie zum Thema wurde in Japan veranlasst. Dabei wurden insgesamt 130 Schwangerschaften beobachtet: eine Gruppe mit einer normalen „Einlingsschwangerschaft", eine Gruppe mit einer Zwillingsschwangerschaft, die bis zum Ende bestand, und eine Gruppe, bei der das „Vanishing Twin Syndrome" diagnostiziert wurde. Der Verlust eines der Zwillinge wurde anhand von Ultraschalluntersuchungen festgestellt. All diese Schwangerschaften der Studie waren durch künstliche, bzw. „assistierte" Befruchtung zustandegekommen.

Zwillingsschwangerschaften bergen ein höheres Risiko.

In dieser Studie gab es also 96 Einlingsschwangerschaften, 10 Fälle mit dem Vanishing Twin Syndrome und 24 Zwillingsschwangerschaften mit anschließender Zwillingsgeburt. Verglichen wurde der weitere Verlauf der Schwangerschaften und die eventuelle Frühgeburtlichkeit der Babys.

Schwangerschaftsverlauf und Geburt waren bei der Gruppe mit nur einem Baby und der Gruppe, die vom Vanishing Twin Syndrome betroffen war, ziemlich gleich.

Allerdings gab es eine erhöhte Rate frühgeborener bis extrem zu früh geborener Babys und auch das Geburtsgewicht der „Vanishing Twin"-Gruppe war niedriger als in der Vergleichsgruppe der Einlingsschwangerschaften.

Zwillinge kommen öfter zu früh auf die Welt.

Nichtsdestotrotz waren Schwangerschaftsverlauf und Geburt in der „Vanishing Twin"-Gruppe deutlich besser als in der Zwillings-Vergleichsgruppe. Na, wer hätte das gedacht? Man weiß schließlich, dass Zwillingsschwangerschaften schwieriger und belastender als Schwangerschaften mit nur einem Baby sein können.

Im Ergebnis: Zwillinge wurden deutlich öfter zu früh geboren und auch das Geburtsgewicht konnte deutlich niedriger sein als in der Vergleichsgruppe.

Das Vanishing Twin Syndrome kurz erklärt

Zum „Vanishing Twin Syndrome" kommt es im ersten Trimester der Schwangeschaft. Es gibt normalerweise im Vorfeld keinerlei Anzeichen dafür. Bei diesem Syndrom verschwindet ein Zwilling - er stirbt ab und wird teilweise oder komplett absorbiert - vom Körper der Mutter oder sogar vom übrig gebliebenen Zwilling.

Nichts kündigt an, dass es dazu kommt. Und der verbliebene Zwilling wird in der Mehrzahl der Fälle nicht negativ dadurch beeinflusst. Er entwickelt sich weiter, als ob nichts gewesen wäre.

Kommt es nicht im ersten Trimester der Schwangerschaft zu diesem Phänomen, sondern im weiteren Verlauf, sieht das schon anders aus. Es besteht die Gefahr, dass beim verbliebenen Zwilling zu einer Schädigung des Gehirns (Zerebralparese) und anschließenden Bewegungsstörungen kommt. Auch eine zu frühe Geburt kann Folge einer so späten „Fehlgeburt" des anderen Zwillings sein.

Das Vanishing Twin Syndrome wurde 1945 zum ersten Mal entdeckt. Seitdem wurde das Sydrom immer häufiger entdeckt. Das mag aber daran liegen, dass man heutzutage Zwillinge dank Ultraschalltechnik sehr früh diagnostiziert. Auch die immer häufigeren künstlichen Befruchtungen, die sehr engmaschig überwacht werden, haben dazu geführt, dass das Syndrom vermehrt festgestellt wurde. Man kann sagen, dass es bei 21 bis 30 Prozent der sehr früh diagnostizierten Zwillingsschwangerschaften vorkommt.

Wo verbleibt der Zwilling?

Normalerweise gibt es keine Anzeichen vom „verschwundenen Zwilling" - er bleibt verschwunden, weil vom umliegenden Gewebe absorbiert. In sehr seltenen Fällen wird so ein abgestorbener Fötus mumifiziert und noch geboren. Eher kommt es dazu, dass er durch den sich ausbreitenden überlebenden Zwilling wie zu Pergament gepresst wird. Dann spricht man bei dessen Geburt von einem „Fetus papyraceus". Auf den überlebenden Zwilling hat es keine gesundheitlichen Auswirkungen.

In sehr seltenen Fällen übernimmt der verbleibende Zwilling einige Zellen des verschwundenen. Er trägt dann zwei DNA-Sätze in sich. Aber das ist - wie gesagt - sehr, sehr selten.

(Nach www.about-twins.com)

ZWILLINGE *das Magazin* - Die Mitmach-Zeitschrift für Zwillings- & Drillingseltern

So können Sie sich mit Beiträgen an ZWILLINGE *das Magazin* beteiligen: In fast 30 Jahren haben wir immer wieder festgestellt, dass die wahren Experten für Zwillings- und Drillingsthemen die Eltern sind. Viele Eltern haben darüber hinaus eine Qualifikation, die sie dazu prädestiniert, ihre Alltagserfahrungen mit anderen zu teilen. Sie sind selbst Erzieher, Lehrer oder Ärzte ... Erzieherinnen, Lehrerinnen oder Ärztinnen. Aber auch, wenn Sie ganz einfach „nur" Zwillings- und Drillingseltern sind - Ihre Erfahrungen, die Sie machen, sind von so unschätzbarem Wert für andere, für neue und werdende Eltern, dass sie unbedingt zu Papier gebracht werden sollten. Deshalb scheuen Sie sich nicht, uns zu schreiben und einen Beitrag zu irgendeiner Situation aus Ihren Leben mit mehreren gleichaltrigen Kindern zu schicken. Ihre Erfahrungen und vor allem Ihre Tipps und guten Ideen sind gefragt.

Und so geht's: Sie schreiben - wie Ihnen der „Schnabel gewachsen" ist. Dies hier ist kein Aufsatzwettbewerb. Unsere Redaktion bearbeitet Ihren Beitrag, macht die Überschrift dazu, das Layout und formuliert die Bildunterschriften und die Zwischenüberschriften.

Ihr Beitrag sollte im Format .doc oder .docx, in „word" oder einem anderen, gängigen Schreibprogramm bei uns ankommen. Gern aber auch einfach direkt in der E-mail formuliert. Sie können Ihre Beiträge per E-mail senden an info@twins.de.

Wir nehmen aber nachwievor auch handschriftliche Beiträge, die ganz einfach per Post kommen. Unsere Adresse: ZWILLINGE, Postfach 40 11 11, D-86890 Landsberg. Schicken Sie uns auch Ihre Fotos mit. Am besten sind ganz normale Familienfotos, wie man sie mit jeder Digicam oder einem Handy machen kann. Um die entsprechend hohe Auflösung und die Druckfähigkeit kümmert sich unsere Redaktion. Und wenn Sie uns einen großen Gefallen tun wollen: benennen Sie Ihre Fotos mit denjenigen, die darauf zu sehen sind - also zum Beispiel MaxConnySpielplatz.jpg.

Wir belohnen es, wenn Sie uns einen Beitrag schicken:
Suchen Sie sich ein Buch aus

Und was bekommen Sie für Ihren Beitrag? In erster Linie natürlich helfen Sie anderen Zwillingseltern, die vielleicht noch ganz am Anfang stehen, mit ihren wertvollen Erfahrungen. Zweitens macht es auch einfach Spaß, über die eigene Familie zu schreiben und die eigenen Zwillinge in unserer kleinen Zeitschrift zu sehen.

Allerdings veröffentlichen wir Ihren Beitrag in der neuen Machart unserer Zeitschrift nicht mehr unter vollem Namen, es sei denn Sie wünschen das ausdrücklich. Der Hintergrund dafür ist, dass das neue ZWILLINGE - DAS MAGAZIN dadurch, dass es auch auf online-Portalen angeboten wird, einem größeren Leserkreis angeboten wird. Natürlich werden sich am ehesten betroffene Zwillings- und Drillingseltern für ZWILLINGE interessieren. Dennoch möchten wir jeglichem Missbrauch vorbeugen.

Übrigens: Wer einen Beitrag für unser Magazin schreibt, erhält ein Exemplar des betreffenden Magazins gratis (zur Erinnerung) oder kann sich ein Buch aus unserem Programm aussuchen.

Dann kann's ja losgehen ... wir freuen uns und sind gespannt.

GEBURTSVORBEREITUNG FÜR ZWILLINGSSCHWANGERE

IN BERLIN

INHALT

- Wahl des Geburtsortes
- Erstausstattung
- Geburtsverlauf, Geburtspositionen
- Natürliche Geburt / Kaiserschnitt / BEL
- Informationen über Klinikroutinen
- Bindung vor und nach der Geburt
- Stillvorbereitung
- Die ersten Tage mit Zwillingen / Wochenbett
- Unterstützungsmöglichkeiten
- Frühchen
- Austausch und individuelle Fragen

PRAKTISCHE ÜBUNGEN

Atem- und Entspannungsübungen
Körperarbeit, Masssagen
Gedanken-/Geburtsreise
Schulung der Körperwahrnehmung

INFORMATIONEN

Wann:
Neue Termine auf Anfrage

Wo:
Stubenrauchstrasse 5
12161 Berlin

Wieviel:
Gesetzlichversicherte: keine*
Privatversicherte: 163,20 €
Partner: 120 € **

* Der Kostenanteil für Schwangere wird durch Teilnahmebestätigung direkt mit der Krankenkasse abgerechnet.
**Der Partneranteil wird von einigen Krankenkassen erstattet.

Wer:
Jana Friedrich (Hebamme)
Inga Sarrazin (Zwillingsmutter und Stillberaterin (AFS)

Wie:
jana@hebammenblog.de
inga.sarrazin@maternita.de

Was:
Versichertenkarte
gemütliche Kleidung
Partner

Schlafprobleme in Griff bekommen - so geht's

Die meisten Zwillingseltern kennen das: neugeborene Babys machen die Nacht zum Tag, weil sie noch keinen geregelten Schlafrhythmus haben. Was kann man tun, dass es nachts wieder entspannter wird? Kinderarzt Prof. Dr. Erler hat es den Windel-Experten von Pampers verraten.

Die Windel-Experten von Pampers bringen eine verbesserte Nachtwindel heraus: dank der neuen Pampers Baby-Dry Windeln mit Luftkanaltechnologie sollen Babys nachts besser schlafen. Das freut besonders die Zwillings- und Drillingseltern, die in den ersten Wochen besonders unter dem fehlenden Nachtschlaf leiden. Anlässlich der Einführung der neuen Windel wurde ein Interview mit Prof. Dr. Thomas Erler, Kinderarzt und Schlafexperte am Klinikum Potsdam geführt, das wir gerne veröffentlichen.

Herr Dr. Erler, kommen viele Eltern und ihre Babys mit Schlafproblemen zu Ihnen?
Ja, an mich wenden sich regelmäßig Eltern von Kindern, die offenbar an Schlafproblemen leiden. Dies ist insofern auch nicht verwunderlich, da wir aus nationalen und internationalen Studien wissen, dass möglicherweise bis zu 25 Prozent aller Kinder zeitweise oder regelmäßig Schlafstörungen haben. Es handelt sich also um ein sehr verbreitetes Phänomen, das Eltern oder ganze Familien oft sehr beunruhigt.

Was sind die häufigsten Schlafprobleme bei Kleinkindern und Babys, bei denen Eltern Ihre Hilfe suchen?
Am häufigsten erleben junge Eltern, dass ihre Babys oder kleinen Kinder nicht durchschlafen. Sie haben oft Sorgen, dass ihre Kleinen nicht ausreichend Schlaf bekom-

men. Das liegt daran, dass Erwachsene und Babys einen anderen Schlaf-Wach-Rhythmus haben. Der unregelmäßige Schlaf-Wach-Rhythmus der Kleinen überträgt sich unweigerlich auf die Eltern, die dann ebenfalls darunter leiden. Es fällt den Eltern schwer, die Kinder wieder zum Schlafen zu bringen und sie wenden dann oft sehr ausgefallene Methoden an, um den Nachwuchs zu beruhigen: Stundenlanges Herumlaufen oder sogar ausgedehnte Autofahrten sind zwei Varianten, die ich aus der Praxis gut kenne. Für junge Eltern ist es wichtig zu wissen, dass ein mehrstündiges, nächtliches Durchschlafen erst „erlernt" werden muss. Vor der Geburt kannten die Ungeborenen keinen Tag-Nacht-Rhythmus. Nach der Geburt wird der Tagesablauf ausschließlich vom Hunger bestimmt und danach richten sich auch die Wachzeiten. Um diesen Lernprozess zu beginnen, braucht das Baby dann zuerst einmal einen strukturierten Tagesablauf sowie optimale schlafhygienische Bedingungen.

Was können Eltern bei der „Schlafhygiene" beachten?
Wichtig ist ein immer wiederkehrendes Einschlafritual: ein bestimmtes Lied, eine beruhigende Geschichte oder Ähnliches. Natürlich müssen die Schlafbedingungen optimal sein. Das Baby braucht eine trockene Windel, ein abgedunkeltes, ruhiges Zimmer mit

einer Temperatur von maximal 18°C. Die Bekleidung sollte der Jahreszeit angepasst sein: am besten ein Schlafsack (Sommer- oder Winterversion). Das Schlafzimmer muss rauchfrei sein, das Bett sollte genügend Bewegungsfreiheit bieten, sich in der Nähe der Eltern befinden, eine luftdurchlässige Matratze haben und keine losen Kissen oder Decken im Bett - wer möchte, kann seinem Kind auch einen Schnuller geben.

Welche Schlaflerntechniken gibt es?

Eine wichtige Aufgabe für Babys bzw. für Kleinkinder besteht darin, zu erlernen, alleine einzuschlafen. Dies stellt für die ganze Familie die größte Herausforderung dar. Trotzdem sollten sich Eltern dieser Aufgabe stellen, indem sie ihr kleines Kind wirklich erst dann schlafen legen, wenn es tatsächlich müde ist. Beim zwischenzeitlichen Erwachen sollte das Kind dann aber nicht zum Beruhigen aus dem Bett genommen werden. Hier ist im Normalfall die Präsenz des Elternteils ausreichend, um dem Baby das Wiedereinschlafen zu erleichtern. Auch zusätzliche Mahlzeiten sind oft nicht erforderlich. Beruhigende Worte, erneutes Anwenden des Schlafrituals bei dunkler Umgebung können das erneute Einschlafen ermöglichen. Notfalls muss diese Vorgehensweise täglich mehrfach wiederholt werden, und zwar an vielen aufeinanderfolgenden Tagen. Geduld ist gefragt!

Was können Eltern bei schlechten Schlafphasen tun?

Schlechte Schlafphasen können unterschiedliche Ursachen haben. Zum Beispiel werden alle Kinder auch einmal krank. Und so gehen dann eben auch viele kleine Infekte mit gestörtem und nicht erholsamem Schlaf einher. Wichtig ist hier zuerst einmal die Behandlung der Grunderkrankung. Manchmal muss in Krankheitsphasen der fehlende Schlaf sogar am Tag nachgeholt werden. Am Rat der fürsorglichen Oma ist schon etwas dran: Schlaf Dich gesund mein Kind!

Beunruhigend für Eltern ist zum Beispiel auch der sogenannte Nachtschreck, der Parvor nocturnus. Es ist schon schlimm, wenn ein kleines Kind plötzlich mit angstgeweiteten Augen im Bett sitzt und auf Ansprechen nicht reagiert! Trotzdem sind beruhigende und besonnene Maßnahmen am hilfreichsten. Das betroffene Kind weiß in der Regel von den nächtlichen Schlafstörungen am Folgetag gar nichts mehr und fühlt sich auch kaum beeinträchtigt. Überraschenderweise wissen wir, dass ein immer wieder auftretender Nachtschreck die Entwicklung der Kinder nicht negativ beeinflusst. Und spätestens bis zum Schulalter sind derartige Ereignisse in der Regel wieder verschwunden! Generell ist es wichtig, auch bei schlechten Schlafphasen Geduld mit dem Baby oder Kleinkind zu haben und sich nicht aus der Ruhe bringen zu lassen, denn diese Phasen gehen auch wieder vorüber.

Was ist Ihr persönlicher Tipp für einen erholsamen Babyschlaf?

Es ist für einen erholsamen Babyschlaf besonders förderlich, den Tag ruhig ausklingen zu lassen, vor dem Schlafen nicht noch mal „herumzutoben" und keine besonders gehaltvollen Mahlzeiten zu verabreichen. Bei manchen Babys kann mit dem abendlichen Bad die Einschlafzeremonie befördert werden - bei anderen Kindern wirkt es belebend. Außerdem muss die Schlafumgebung stimmen: Ein gut belüfteter, rauchfreier Raum, kein Lärm und vor allem Dunkelheit wichtig. Babys brauchen ein Einschlafritual. Hier kann sich jede Familie vielleicht sogar etwas ganz Individuelles ausdenken - Lied, Musikstück, Vorlesen, Singen oder Ähnliches. Wichtig bleibt zu beachten: Dieses Ritual wird nur zum Einschlafen genutzt - sonst verliert es seine Wirkung!

Stillen leicht gemacht - Produkte aus USA

Es lohnt sich immer mal wieder, auch über den „großen Teich" zu schauen und Produkte kennen zu lernen, die amerikanischen Zwillingsmüttern helfen, den Alltag leichter zu gestalten. Wir haben eine Zusammenstellung mit Produkten gefunden, die beim Stillen helfen.

Latchpal hält das T-Shirt in Stellung

Jeder, der schon mal gestillt hat, kennt die Situation: das Baby ist angedockt und das blöde T-Shirt oder Hemd rutscht über das kleine Gesichtchen. Das mag gewollt ein, um in der Öffentlichkeit zu stillen, zu Hause ist es nicht nötig und stört sogar.

Gegen das ungewollte Verrutschen des T-Shirts gibt's in Amerika das sogenannte „LatchPal", ein buntes Plastikband mit Clip, das man einfach um das T-Shirt klipst, damit es aufgerollt bleibt.

Zusatznutzen gerade bei Zwillingen: das Band mit Clip kann man auch am BH festklipsen und so markieren, welche Brust zuletzt dran war oder für welchen Zwilling, welche Seite „reserviert" ist.

Teuer ist der LatchPal-Clip auch nicht. Er kostet nur 14,95 Dollar. Ob es ihn auch hierzulande gibt? Einfach mal nachfragen unter **www.latchpal.com** ...

Still-BH mit Abpump-Funktion

Und dieses Produkt ist wirklich etwas „abgefahren" - ein Still-BH, den man auch tragen kann, um doppelt Milch abzupumpen und dabei die Hände frei zu haben.

Braucht man sowas? Da kann man geteilter Meinung sein. Und trotzdem - die Idee hatte auch schon eine Zwillingsmama in Österreich. Beweisfoto in unserem Buch „Zwillinge stillen".

Der Wunder-BH kostet 68 Dollar. Und die Information dazu gibt es auf der Internetseite **www.thedairyfairy.com**

Milk-Saver von Milkies fängt Muttermilch auf, die einfach läuft

Und noch ein Produkt aus Amerika, das eine Überlegung (oder sogar Anschaffung) „wert" ist: das Milchauffang-System Milk-Saver von Milkies.

Viele stillende Mütter kennen es, dass ihre Milch läuft und läuft und läuft und eigentlich verschwendet wird, wenn sie in BH-Einlagen versickert. Die gute

Muttermilch läuft nicht nur während der Stillpausen, sondern gerne auch, wenn nur ein Baby gestillt wird und der Letdown-Reflex, der die Milch zum Laufen bringt, beidseitig ausgelöst wird. Mit dem praktischen Auffangsystem, das einfach in die BH-Schale reingegeben wird, lässt sich die Muttermilch auffangen. Die so aufgefangene Milch kann zu einem späteren Zeitpunkt per Fläschchen gegeben werden.

Hier ist leider kein Preis angegeben, aber sicher bekommt man die Information auch unter **www.mymilkies.com**.

ben ist. Kostet 9,99 Dollar - eine echte „Schnapszahl". Wer sich das genauer anschauen möchte, findet Information unter **www.upspringbaby.com**

Alkohol in Muttermilch? Ein Testgerät.

Und das ist ein Produkt, das wirklich nur in Amerika gebraucht wird - jedenfalls bei den Kardashians: ein Testgerät, das anzeigt, ob sich Alkohol in der Muttermilch befindet, wenn Mama Alkohol getrunken hat, weil sie „unterwegs" war. In nur zwei Minuten sagt das „Milkscreen" von Upspring, ob das Glas Wein oder das Bierchen ohne Folgen geblie-

- damit wir uns nicht nicht falsch verstehen: das hier ist keine Empfehlung meinerseits ;-)) bleibt lieber „trocken", solange Ihr stillt.

(MvG)

Unsere Buch-Zwillinge zum Thema „Zwillinge & Drillinge stillen"

Seit vielen Jahren zählt Susanne Wittmairs Buch „Zwillinge stillen" zu den Standardwerken für Zwillings- und Drillingsmütter. Im Spätherbst hat es jetzt eine Ergänzung bekommen: das neue Stillbuch von Inga Sarrazin, das Zwillingsmütter direkter anspricht und auch Blankoseiten für ein kleines, eigenes Still-Tagebuch enthält.

Beide Bücher gibt es im Buchhandel und auch unter www. twins.de - bei uns sogar in einem kleinen Sonderangebot - weil wir ein neues Heft ZWILLINGE - DAS MAGAZIN gratis mitschicken.

Schnelle Tipps & gute Ideen für Zwillinge

Zwillings- und Drillingseltern müssen vor allem praktisch denken. Deshalb haben sie Tipps und Ideen auf Lager, die wirklich hilfreich sind. Haben Sie auch einen Vorschlag, der auf diese Seite passt? Her damit!

Unsere E-mail: info@twins.de

Was wird nur aus all den Haarspran-gen, die kleine Mädchen so haben? Zwillingsmutter Sarah empfiehlt die Frisier-Frida von JAKO-O.

Die Frisier-Frida ist eine Stoffpuppe, die man zum Beispiel am Schrank aufhängen kann. Fridas Haare, Arme, Beine und Taschen können mit Span-gen, Haargummis usw. bestückt wer-den, die dann einen festen Aufbe-wahrungsort haben und nicht in der Gegend herumfliegen.

Das ist sehr praktisch, wenn man so

wie unsere Zwillinge Paula und Juli viele solche Haarspangen und Haargummis hat. Die Frisier-Frida gibt es bei JAKO-O. Sie kostet circa 24,95 Euro.

Kleine Mädchen wie Paula und Juli haben viel Schmuck für die Haare. Da hilft Frida, die Frisier-Puppe.

Wie kann man Babys warm transportieren? Zwillingsmutter Svenja hatte sich dafür Einschlagdecken von ByBoom besorgt.

Wir hatten für unsere Jungs damals Maxi Cosis. Da ich Herbstbabys hatte, wollten wir, dass sie es darin warm haben. Dafür hatten wir Einschlagdecken von ByBoom. Die waren total praktisch. Man kann die Kinder entweder richtig fest einpacken oder etwas lockerer.

Durch den Klettverschluss ist die Decke ganz einfach zu öffnen, sodass man sie auch auflassen kann (zum Beispiel im warmen Supermarkt oder Einkaufszentrum).

Die Decke ist geeignet für alle gängigen Babyschalen oder auch Kinderwagen.

Die kuschlige Einschlagdecke aus Polar Fleece gibt es auch in einer Version für die Übergangszeit (siehe Foto) und in einer leichteren Sommerversion. Die Decken sind maschinenwaschbar bei 30 Grad.

Brautkleid bleibt Braut-
kleid? Mitnichten ...

Was passiert mit dem Brautkleid nach der Hochzeit? Es verstaubt im Klei-
derschrank. Eigentlich viel zu schade. Das dachte sich auch Zwillingsmut-
ter Anja, die nach einem zweiten Taufkleid suchte, da das Familienerbstück
nur einfach vorhanden war.

Unsere Zwillingspärchen, Lisa und Gerke, ist mit fünf Monaten getauft worden. Schnell stellte sich die Frage, was die beiden an ihrem Ehrentag in der Kirche tragen sollten. Das Taufkleid, das ich und mein Bruder schon getragen hatten, hätte Lisa anziehen können. Aber leider war das Taufkleid von der Familie meines Mannes nicht verfügbar.

Extra für Zwillingsbruder Gerke einen kleinen Anzug kaufen, wollte ich nicht. Ich bin da einfach altmodisch und wollte gerne, dass beide Kinder ein Taufkleid tragen.

Also kam mir die Idee, mein eigenes Brautkleid zu opfern und daraus zwei Kleider nähen zu lassen.

Und die Schneiderin hat wirklich gute Arbeit geleistet. Lisa und Gerke sahen an ihrem großen Tag wirklich toll aus

Gelungene Verwandlung. Aus einem Brautkleid (hier links) werden zwei Taufkleider, die die Zwillinge Lisa und Gerke an ihrem Ehrentag tragen können.

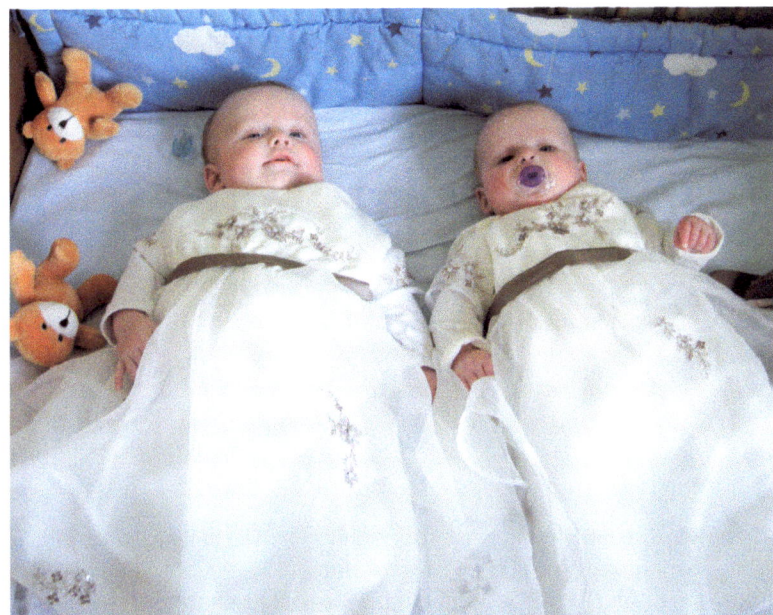

Gerke (links) und Zwillings-schwester Lisa haben sich schick gemacht: mit Mamas Brautkleid, aus dem zwei Tauf-kleider wurden.

und auch die kleine Schwester hat ein Kleid bei ihrer Taufe getragen.
Auf dem Bild links habe ich mein Braut-kleid noch einmal an, bevor es zu zwei kleinen Taufkleidern wurde. (Anja O.)

Buch: Hamster Henri isst glutenfrei

Immer dann, wenn Henri bestimmte Nahrungsmittel zu sich nimmt, bekommt er Bauchweh. Doktor Hase kennt das Problem: Der kleine Hamster verträgt bestimmte Getreidesorten nicht - er verträgt kein Gluten. Was für ein Pech für einen kleinen Körnerfresser ... aber es gibt ja noch andere Nahrungsmittel, die er essen darf. Und so kann die Party mit den anderen Tieren trotzdem steigen.

Das witzige Bilderbuch für Kinder ab dem Kindergartenalter hilft, die Sache mit der Zöliakie und den Gluten besser zu verstehen.

Verena Herleth, „Hamster Henri isst glutenfrei", Edition Riedenburg, ISBN 978-3-903085-78-7, 14,90 Euro.

Wir verlosen es 1 mal!

Schlechtes Wetter? Gibt's nicht: wir bemalen Regenschirme

Man sagt ja landläufig: Schlechtes Wetter gibt es nicht, nur schlechte Kleidung (bei Regenwetter). Und natürlich gehören Regenschirme zur Ausrüstung, wenn sich dunkle Wolken am Himmel zusammenbrauen. Damit es nicht langweilig wird, bemalen Katrins Kinder die Regenschirme.

In der Herbst- und Winterzeit können die Tage manchmal ganz schön lang werden und die Kinder wollen beschäftigt werden. Da haben Christina und Jana, die großen Schwestern unserer Zwillinge Felix und Malte, bei den Wipfelstürmern des Waldkindergartens in Utzmemmingen mitgemacht.

Langweilige Schirme einfach einmal anmalen.

Die hatten eine tolle Idee: Einfach kleine Regenschirme (Knirpse) mit Acrylfarben anmalen.
Dazu werden die Regenschirme aufgespannt und in einen Eimer mit Sand gesteckt und dann mit der Acrylfarbe bemalt. Da kamen prima Muster raus. Einen halben Tag sollten die bemalten Regenschirme dann trocknen. Danach werden sie ihrem Namen wieder gerecht und Regen macht ihnen nichts mehr aus. Alle Kids waren von der Aktion begeistert. Daheim haben wir die bemalten Regenschirme nochmal mit Klarlack, Haarspray geht auch, fixiert.

Jetzt kann das nasskalte Wetter kommen!

Hier ein Lied dazu für die Jüngeren:

Du da unterm Regenschirm, du da, du da,

du da unterm Regenschirm, komm doch mal zu mir!!!

Weißt du, ich werd' pitschenass, weißt du, weißt du,

weißt du, ich werde pitschenass und das ist nicht schön.

Darum wollen wir zu zweit, darum, darum,

darum wollen wir zu zweit, durch den Regen gehen.

(Verfasser unbekannt)

Viel Spaß beim Nachmachen und kommt alle gut durch das Regenwetter. Katrin mit Christina, Jana, Felix und Malte

Jana (links) versteckt sich hinter ihrem Schirm - braucht sie eigentlich nicht. Er ist doch eigentlich ganz toll geworden!

Mama Katrins Schirm (unten) trotzt dem schlechten Wetter mit dem richtigen Spruch und einem Smiley.

Links: alle Schirme wurden kreativ bemalt. Wer ist der schönste? Geschmacksache.

Haben Sie auch eine Idee für eine kreative Beschäftigung? Ihre (Kurz-)Beiträge können Sie jederzeit senden an: info@twins.de

Meist Engelchen & oft auch Bengelchen ...

Manchmal kennt Sarah ihre Zwillinge Paula und Juli nicht wieder. Da verwandeln sich die süßen, selbständigen, schlauen Mädchen in zwei widerborstige „Nein-Sager" und Zwillingsmama Sarah weiß nicht, ob die beiden je eine Minuten Erziehung genossen haben. Doch keine Angst ... auf Seite 28 verwandeln sich die Bengelchen in Engelchen.

Nun melde ich mich endlich mal wieder mit einem Beitrag für die Zeitschrift. Beim Lesen der Ausgaben denke ich mir so oft: „Darüber kann ich auch ein Lied singen ..."

Unsere Zwillinge sind kleine Teufelchen ...

Der Artikel über das Buch „Bei uns läuft's kacka" hat mich letzte Woche während der S-Bahn-Fahrt zur Arbeit zum Schmunzeln gebracht (trotz der noch tief im Bauch sitzenden Wut auf meine zwei trotzigen 3-jährigen Zickchen!). Bei uns läuft es nämlich seit ein paar Tagen auch so richtig „kacka". Paula und Juli benehmen sich, als hätten sie nicht einen einzigen Tag Erziehung in ihrem bisherigen Leben genossen. (Anm. d. Redaktion: Das Buch haben wir in ZWILLINGE - DAS MAGAZIN Ausgabe 29 vorgestellt.)

Wenn man keine Kinder hat, hat man keine Ahnung.

Ich muss gestehen, bevor ich Kinder hatte, habe ich manchmal zu schnell über andere Eltern und deren scheinbar „verzogene" Kinder geurteilt.
Unseren Erziehungsstil würde ich als sehr konsequent mit Regeln, Lob und Liebe beschreiben. Da unsere Mädels ordentlich Feuer im Hintern haben, geht es bei uns zwar nicht so ruhig zu (bezogen auf das Aktivitätsniveau und die Lautstärke), jedoch sind die beiden trotzdem in der Regel ganz gut erzogen, so finden wir. Ab und zu überrumpelt uns dann jedoch eine Trotzphase, welche Paula, Juli oder im schlimmsten (und leider nicht seltensten) Fall beide in Horrorkinder verwandelt. Ich erkenne sie echt nicht wieder.

Ich erkenne meine Mädchen nicht wieder ...

Alles wird verneint (im Schreiton), es werden in so gut wie jeder kleinen Situation Dummheiten gemacht, die Mädels schreien sich gegenseitig an, schubsen und hauen sich, „bitte", „danke", usw. werden zu Fremdwörtern und ich habe das Gefühl, dass ich meine erste Arbeitsschicht, wenn ich morgens gehetzt und luftschnappend aus der KiTa komme, schon hinter mir habe.
Hält es länger als drei Tage an, fällt es mir immer schwerer, ruhig und gelassen damit umzugehen. Dauert es länger als eine Woche, bete ich einfach nur, dass sich der Schalter in den Köpfen der Mädels über Nacht wieder umlegt. Ich beruhige mich immer damit, dass sie zum

Glück in der KiTa und überall sonst brav sind. Ich schaue sie mir dann auch manchmal schlafend in ihren Bettchen an, um mir mal wieder das Bild entspannter, statt zorniger, Gesichtsausdrücke meiner Mädels zu geben, damit ich diese nicht vergesse. Und ich sage mir mantraartig, dass wir solche Phasen schon unzählige Male überlebt haben, ohne ein Kind ins Heim geben zu müssen oder unsere Ehe haben scheiden lassen (nur Sarkasmus, keine Sorge!). Meistens werden die kleinen Teufelchen genau dann wieder zu Engelchen, wenn man schon fast die Hoffnung aufgegeben hat, dass diese Trotzphase jemals enden wird. Ich wünsche allen Eltern Kraft und Geduld, diese Monsterphasen zu überstehen (Sarah K.) ...

Keine Ahnung, ob sich Paula und Juli hier (oben) gerade in der „Monsterphase" befinden und Mamas Küchenschublade ausräumen ...

Oder ob sie hier (links) einfach nur eine Menge Spaß miteinander haben, wenn sie sich gegenseitig kitzeln?

Die beiden sind diesmal auch unsere Titelmädchen: Paula (links) und Juli stecken zwar nicht unter einer Decke, aber in einem Korb ...

... und manchmal sind unsere Zwillinge einfach auch Engelchen:

Bei uns läuft's meistens nicht „kacka" und wir sind immer wieder auf's Neue entzückt von unseren Zwillingsmädels Paula und Juli. Auch wenn ich keinen Vergleich habe, glaube ich, dass Zwillinge zu haben, etwas ganz Besonderes ist - ein doppeltes Geschenk! Mein seit der Kindheit bestehender Wunsch, einmal zwei Babys in meinem Bauch tragen zu dürfen, wurde erfüllt, und manchmal kann ich dieses Glück kaum fassen.

Paula und Juli sind sehr verschieden.

Paula und Juli sind sehr verschieden, was ich schon während der Schwangerschaft deutlich spüren konnte. Verzaubert Paula gern alle mit ihrem Charme, Witz und intelligenten Sprüchen, schafft Juli es, ihre Aufmerksamkeit auf andere Art und Weise auf sich zu ziehen. Scheinbar engelsgleich, mit blondem Haar, blitzt die Keckheit stets aus Julis Augen und sorgt für Überraschungen, kreative Ideen und fordert uns Eltern auch gehörig heraus. Ist sie außer Sichtweite und man hört nichts von ihr, muss man schnell flitzen, um sicherzugehen, dass alles in Ordnung ist (mir ihr, dem Wohnungsinventar, dem Stadtviertel ...).
Auch Julis zarte und klare Stimme klingt engelsgleich und rührt mich oft zu Tränen. Bei Musik switcht sie schlagartig in den Tanzmodus, hört aufmerksam zu oder träumt vor sich hin (ein seltener Anblick bei diesem quirligen, energiegeladenen Kind). Sie hat einen starken Willen, Ausdauer beim Verfolgen ihrer Ziele und möchte lieber selbst probieren anstatt Erklärungen oder Unterstüt-

zung zu bekommen. Gern würde ich mir manchmal eine Scheibe ihres Selbstbewusstseins und ihrer Furchtlosigkeit abschneiden.

Paula liebt die Anerkennung.

Nun zurück zu Paula, unserer „Showqueen". Sie liebt es, im Mittelpunkt zu stehen, sucht stets die Nähe zu anderen und benötigt viel Anerkennung und Bestätigung (worauf sie stets mit der auf Erden süßesten stolzgeschwellten Brust reagiert).
Sie ist sehr wissbegierig, hört genau zu, braucht Sicherheit und Aufmerksamkeit. Sie möchte es um sich herum ordentlich und sauber haben. So stellt sie stets ihre Schuhe nach dem Ausziehen akkurat nebeneinander, Verunreinigungen auf Haut und Kleidung sollten schnellstens beseitigt werden und sie achtet immer darauf, dass ihre Frisur auch 1A sitzt. Sie albert gern herum und ihr schallendes Lachen ist hochgradig ansteckend.
Unsere Zwillinge sind äußerlich wie vom Gemüt her sehr gegensätzlich, was ich aber gerade so toll an ihnen finde.
Gemeinsam ist ihnen lediglich das feurige Temperament und der hohen Schlafbedarf (Yes!!!).

Für ihr Alter sind sie sehr selbständig.

Besonders stolz bin ich auf die beiden, weil sie für ihr Alter schon sehr selbstständig sind. Aufgrund der hohen zeitlichen beruflichen Anforderungen, denen der Papa ausgesetzt ist, und meiner seit dem 6. Lebensmonat der Mädchen bestehenden körperlichen Einschränkungen nach einer Rücken-OP, mussten sie von Anfang an gut mitmachen.
Sie sind Klettermeister, ziehen viele Klei-

dungsstücke schon selbstständig an, können den Tisch dekken und packen bei anderen kleinen Haushaltstätigkeiten gern mit an. Sie sind höflich, offen und empathisch, was mich besonders freut und mir die Sicherheit für die Teufelchen-Phasen (siehe Seite 26) gibt, in der Erziehung nicht versagt zu haben.

Also, liebe Zwillingseltern, genießt die Engelsphasen und tankt Energie für die nächsten stürmischen Zeiten. (Sarah K.)

Auch Zwillinge, die wunderbar mit einander oder auch mit ihren Eltern harmonieren, brauchen manchmal ein bisschen Reibung. Wenn dann die Trotzphase wieder vorbei ist, sind Paula (links) und Juli wieder kleine Engelchen.

Eltern-Kind-Programm e.V. - auch für Zwillinge & Drillinge

Viele in und um München ansässige Mehrlingseltern kennen den EKP e.V. - einen Verein, der das ganze Jahr über ein tolles Programm für Eltern und Kinder bereit hält. Heute stellen wir den Verein ein bisschen ausführlicher vor, weil er auch gute Bücher im Shop anbietet, die auch für Eltern von „weiter weg" interessant sein könnten.

Gegründet wurde das Eltern-Kind-Programm e.V. 1987 von Ursula Bezdek und weiteren Interessierten. Sie initiierte immer neue Projekte für Familien. Denn die Familie ist nach ihrer Meinung der Grundstein für die Gesellschaft.

Die Gründerin des Eltern-Kind-Programm e.V. stand den Mitarbeitern und dem Vorstand des Vereins bis zu ihrem Tod mit Rat und Tat zur Seite. Ihre mit unendlichem Elan geführte Arbeit wird jetzt von einem engagierten Vorstand und vielen Mitarbeitern weitergetragen. Ein Teil der Arbeit bleibt in der Familie. Denn ihre Töchter Monika und Petra Bezdek engagieren sich für das Lebenswerk von Ursula Bezdek.

Heute setzt sich das Eltern-Kind-Programm e.V. aus vielen Mitarbeitern und Mitarbeiterinnen und den Mitgliedern zusammen. Mitglieder sind derzeit zirka 555 Familien (hauptsächlich in Bayern). Wichtige Stütze des Vereins sind die Paten, Freunde und Förderer.

Der Eltern-Kind-Programm e.V. bietet seit 1996 auch verschiedene Aktionen für Zwillingsfamilien an. Die Mitarbeiterin Gudrun Inverso, selbst Zwillings-mutter, startete das Zwillingsprojekt mit einem Zwillingsflohmarkt und einem Zwillingsstammtisch, mit Wochenenden und Gruppen für Zwillingsfamilien.

Seit 2005 arbeitet Frau Inverso bei den Kursen zur Vorbereitung auf die Geburt und den Alltag mit Mehrlingen, die von der profamilia in München durchgeführt werden, mit. Sie stellt den Teilnehmern ihr Wissen und ihre praktische Erfahrung zur Verfügung.

Derzeit organisiert der EKP e.V. jährlich einen Zwillingsflohmarkt, bei dem die Familien Gelegenheit zu regem Austausch, netten Gesprächen und Informationen über die Verkaufstische hinweg haben. Im vergangenen Jahr hat allerdings kein Flohmarkt stattgefunden.

Gut genutzt wird auch die Verkaufs- und Kauf-Börse (per E-mail). Zwillingsfamilien können über einen großen Verteiler Ware verkaufen (gegen eine kleine Spende) oder Ware suchen, alles vom Zwillingswagen über Hochstühle, Betten, Kindersitze und Klamotten kann hier gehandelt werden.

Ein wichtiges Angebot des EKP-Zwillingsprojektes ist die Vermittlung von

Patenschaften. Der Verein hat auch für 2018 wieder ein reichhaltiges Programm für alle Eltern und Kinder. Nur mal ein paar Beispiele:

- **Väter und Kinder in er Natur** - Wald, Werken, Spiele und Geschichten, Fr. 15.6. - So. 17.6.2018 in Thalhäusl, Fischbachau;
- **Schafe, Wolle, Filzen** - Leben und erleben mit Kindern, Fr. 23.6. - So. 25.6.2018 im Berghof Agatharied, Schliersee;
- **Großeltern und Enkel erleben die Natur** - Großeltern, wertvolle Begleiter der Familie, Fr. 19.10. - So. 28.10.2018, Thalhäusl, Fischbachau.

Dies nur ein ganz kleiner Ausschnitt aus dem gesamten Programm, das man auf

Ein Buch für Stadtkinder: Spielraum Stadt

Monika und Petra Bezdek, „Spielraum Stadt - Praxisideen und Spiele für Kindergruppen", Verlag Don Bosco, ISBN 978-3-7698-1611-2, s/w Illustrationen, Fotos, 95 Seiten, 9,90 Euro, im Buchshop unter www.ekp.de

Spielen, Forschen und Entdecken in der Stadt - auch Stadtkinder müssen sich nicht langweilen. Für sie haben sich die Autorinnen Monika und Petra Bezdek jede Menge interessanter Spiele und Beschäftigungsmöglichkeiten ausgedacht.
Wie sieht mein Zuhause aus, wie meine Straße, wie mein Weg zum Kindergarten? Die Stadt ist ein herrlicher Platz, um auf Entdeckungsreise zu gehen! Kinder erkunden spielerisch die Stadt, die eine große Vielfalt an Kunst, Kultur und Geschichte bereithält.
Wo arbeitet der Bürgermeister und was tut er? Woher kommt der Strom, woher

kommt das Wasser und wohin verschwindet der Müll?
Mit vielen Liedern, Gedichten, Bastel- und Spielideen können die Kinder ihre Sinne schärfen, erfahren viel Wissenswertes über das Leben und die Menschen in der Stadt und lernen Kultur und Umwelt zu schätzen und für sich zu nutzen.
Im „Spielraum Stadt" stecken:
• Zahlreiche Spiel- und Bastelvorschläge für Hof Spielplatz und Park
• Viele Ideen zur Gestaltung von Festen
• Spannende Bildungsangebote zum Kultur- und Umwelterleben

der Homepage unter

www.ekp.de

findet oder auch auf dem Flyer, den man sich zuschicken lassen kann.
Hier die E-mail-Adresse: info@ekp.de
Das Eltern-Kind-Programm hat auch ei-nen interessanten online-Shop für Bücher. Darin haben wir einige Bücher gefunden, die wir Ihnen hier vorstellen möchten. Heute fangen wir mit dem Buch „Spielraum Stadt" an.
(siehe Seite 31)

30 Jahre ZWILLINGE - wer hätte das gedacht?

Als meine eigenen Zwillinge, Maximilian und Constantin, geboren wurden, fand ich mich mit vielen Herausforderungen konfrontiert, die ich nicht im mindesten erwartet hatte. Puh, was war das Muttersein schwer ... oder waren meine Kinder besonders anstrengend? Ihr wisst, wie es weiterging ...

„Gehen Ihnen die Themen nicht aus?" werde ich häufig gefragt. Nein, nicht wirklich ... denn jedes Thema, das Kinder betrifft, ist auch ein Zwillingsthema ... oder Drillingsthema - je nachdem.

„Ist es denn nicht langweilig, immer über dieselben Sachen zu schreiben?" Nein, eigentlich auch nicht. Vor allem, weil unser Konzept immer vorgesehen hat, dass die Eltern selbst schreiben. Ich fand es schon immer interessanter, in andere Familiengeschichten einzutauchen, als irgendein „Blabla" von sogenannten Fachleuten zu lesen. Hier spielt doch das wahre Leben. Hier schreiben die wahren Experten im Umgang mit Zwillingen und Drillingen. Manchem mag dies als Makel unserer kleinen Zeitschrift vorkommen - siehe Seite 68. Ich sehe darin lebensnahe Literatur, die ruhig auch einmal etwas „einfacher" daherkommen darf. Natürlich habe ich auch andere Interessen und Gott sei Dank auch Fähigkeiten, als nur über Zwillinge zu schreiben. Und so habe ich den vergangenen Jahren viele Bücher gemacht, die nur sehr wenig mit Zwillingen und Kindern überhaupt zu tun haben. Anleitungsbücher für das Stricken von Wadlstrümpfen , die zur bayerischen Tracht gehören oder für Hundepullover. Ja, ich kann gut stricken und es gehört zu meinem größten Vergnügen, abends die Stricknadeln klappern zu lassen.

Der alltäglich (Wahn-) sinn mit Zwillingen ...

Ganz klar: um Zwillinge morgens startklar zu bekommen, sind starke Nerven gefragt ... und ein dickes, kälteunempfindliches „Fell". Zwillingsmutter Herta steht ungern unter der Dusche, während die Badezimmertür geschätzte hundertmal auf und meistens nicht mehr zu geht .

... fängt morgens um 6 Uhr an. Also, wie schon gesagt, um 6 Uhr in der Früh fängt der alltägliche Wahnsinn einer Zwillingsfamilie an. Wir sind zwei Erwachsene und dreizehnjährige, pubertierende „Girls". Wir wohnen in „N", einem Vorort von „M" und jenseits der „Weißwurstgrenze". Ich werde vollkommen anonym schreiben, da ich weiter in Frieden mit meinen Kids leben möchte.

Wo ist der verdammte Wecker?

Um sechs Uhr rasselt also der erste Wecker. An manchen Tagen wundere ich mich, warum niemand diesem hässlichen Geräusch Einhalt gebietet. Nach einigen Sekunden dämmert es mir, dass das Ehebett mal wieder voller ist und ich mich (ein echter Morgenmuffel) auf die Suche machen muss, in welchem Zimmer der Wecker so aufdringlich klingelt. Meine Wahrnehmungssinne sind um diese Uhrzeit noch nicht richtig koordiniert, deswegen taste ich mich an der Wand entlang und wenn das Zimmer mit dem nervtötenden Wecker gefunden ist, falle ich über diverse Gegenstände, die überall vor dem Bett verstreut sind und „gemütlich" herumliegen. Dann kann ich endgültig dem Wecker den Garaus machen, beziehungsweise ihn endlich zum Schweigen bringen.

Etwas wacher schleiche ich wieder zurück ins Ehebett, das nun noch mit einer weiteren Person gefüllt ist. Jetzt sind wir zu viert. Schnell schlüpfe ich hinein und versuche, einen Zipfel Bettdecke über meinen ausgekühlten Körper zu drapieren. 20 Minuten später klingelt der nächste Wecker.

Falls ich gut drauf bin, begrüße ich alle Familienmitglieder. Von den Kids kommt je nach Laune ein gemurmeltes „Guten Morgen" zurück, mein Mann - der einzige Nichtmorgenmuffel - in unserer Runde, fängt das erste Gespräch an, das heißt, er spricht und wir anderen sind still.

Fünf Minuten später tapsen die Mädchen aus dem Bett und suchen das Bad auf. Da ich berufstätig bin, muss ich auch aufstehen. Zum großen Glück duschen unsere Zwillinge abends und ich muss nicht noch früher raus. Ich kann also unter die Dusche, während die beiden noch im Bad zugange sind.

Kalter Luftzug in der warmen Dusche.

Die nächsten zehn Minuten sind der erste Härtetest des Tages. Jede Sekunde verschwindet eines der Kinder - pardon Teenies - aus dem Bad und die schöne warme Morgen-Dusche wird durch kalte Luftströme empfindlich gestört. Meine Bitte, doch wenigstens die Türe zu schließen, findet kein Gehör. Es gibt ein Raus und Rein und irgendwann - wenn ich Glück habe - macht der letzte dann doch die Tür zu.

Wir haben zwei Zimmer für die Mädchen - eines hat direkten Zugang zum Bad. Das andere liegt um die Ecke. Die Dame, die um die Ecke schläft und den etwas weiteren Weg hat, klaut der Zwillingsschwester gleich einmal frische Unterhosen und Socken aus dem Zimmer. Ist der Wäschestapel noch frisch, fällt das nicht so auf. Aber wie so oft - sind es die letzten frischen Unterhosen und Socken. Das bedeutet: zuerst werde ich aufgefordert, die „liebe" Schwester zu bestrafen und ihr mitzuteilen, dass sie gefälligst ihre Sachen aus ihrem Zimmer holen soll.

Wo sind meine Klamotten?

Bin ich nicht dazu bereit, zu vermitteln, entwickelt sich der erste Kampf des Tages, bei dem die klauende Schwester, die nämlich schon längst die geklauten Sachen anhat, Siegerin bleibt.

Die nächste Katastrophe kündigt sich an: „Mama, wo sind meine Hosen (der Pulli oder oder oder???)" Auch hier gibt es verschiedene Varianten, wie das Desaster ausgehen könnte.

Wenn ich „helle" bin, sage ich: „Im Wäschekorb!" Bin ich spontan und antworte: „Keine Ahnung!", dann beschuldigen sich die beiden gegenseitig, das oder die betreffenden Kleidungsstücke „vergraben" zu haben oder - noch gemeiner - versteckt.

Also, zurück ins Bad oder Zimmer. Mit Blick auf die Uhr wird jetzt doch noch ein Kleidungsstück aus dem eigenen oder dem fremden Zimmer gefunden

und angezogen. Inzwischen sind im Bad diverse Kleidungsstücke drapiert. Die Twins verlassen das Bad endgültig und begeben sich in die Küche.

Jetzt kann ich durchschnaufen, denn das Frühstück geht mich nichts an. Jetzt habe ich zehn Minuten Zeit, das Bad ganz allein zu benutzen. Mein Mann geht mir tunlichst aus dem Weg (siehe „Morgenmuffel").

Jede will vorm Spiegel stehen.

Nach dem Frühstück kommen die beiden Mädels zurück und bevölkern wieder die Nasszelle. Ich werde vom Spiegel verdrängt, da jetzt die Haare dran kommen. Tochter Nummer 1 will sich einen Zopf machen. Der Badezimmerschrank wird aufgerissen, drei bis vier gefüllte Kulturtäschchen mit Zopfhaltern, Klammern und Bändern fliegen ins Waschbecken, verschiedene Frisuren werden getestet und wieder verworfen.

Tochter Nummer 2 ist in diesem Fall anspruchsloser. Sie kämmt sich die Haare und fertig. Auch hier wird wohl in den nächsten Jahren eine Steigerung in Sachen Stress eintreten - ich sage nur „Schminken" und eventuelle Pickel ...

Ich verschwinde aus dem Bad, ein Kleiderbündel unterm Arm, das ich in ihre Zimmer unaufgeräumt zurück verteile. Dann mache ich die Brotzeit für die Schule fertig.

Mann kümmert sich um den Fuhrpark der Zwillinge.

Mein Mann hat auch eine wichtige Aufgabe: er bereitet schon mal die Fahrräder vor. Drei Räder stehen auf engem Raum vor der Tür. Falls er die betreffenden Schlüssel findet, kann er die Fahrräder schon einmal aufsperren

und bereitstellen. Ansonsten muss sich mein Mann bemühen, durch mehrmaliges Nachfragen,
den oder die Schlüssel aufzuspüren.
Nächste Hürde: die Schultaschen. Wenn wir Pech haben, sind die Schultaschen noch nicht gepackt. Das ist in 90 Prozent der Fälle der Fall. Beide gehen in die gleiche Schule, allerdings in getrennte Schulklassen.

Komischerweise ist auch in diesem Fall jeweils der andere Zwilling „schuld", falls sich ein Heft oder ein Buch nicht finden lässt.

Ich habe zwar noch keinen Kaffee getrunken und meine Stimmung ist deutlich im Minusbereich, aber die sogenannten Mutterinstinkte lassen mich ahnen, wo die vermissten Schulartikel sein könnten.

Anziehen auf engstem Raum führt zu weiterem Stress.

Hat sich die Stimmung bereits aufgeheizt, lässt sich das problemlos steigern, indem man im engen Reihenhausflur partout an der gleichen Stelle wie die Zwillingsschwester Schuhe, Mützen, Handschuhe und Jacken anziehen will - nämlich vor dem Spiegel, um gleich einmal das perfekte Aussehen zu kontrollieren.

Dies hat zur Folge, dass schnell frische

Jede will vorm Spiegel stehen.

Luft angesagt ist, bevor es zur Explosion kommt.

Unsere Nachbarn sind Rentner und bis jetzt hatten wir ein gutes Verhältnis. Die Tonlage, nachdem sich der Streit ins Freie verlegt hat, ist etwas erhöht. (Mutter nennt es „Schreien".) Aber, es ist geschafft.

Bis zur Schule hat die frische Luft die Gemüter abgekühlt und auf dem Schulhof kennt man die eigene Zwillingsschwester sowieso nicht mehr.

Ich ziehe nun auch ab und trinke meinen ersten Kaffee - ungestört - im Büro. (Herta H.)

Fortsetzung folgt: Wir können Ihnen nicht zuviel zumuten ... denn nach der Schule beginnt der Stress mit den Hausaufgaben. Dazu mehr in ZWILLINGE - DAS MAGAZIN, Ausgabe 32.

Backen mit Zwillingen für die Osterfeier

Noch ist Zeit, ein paar leckere Kekse für das bevorstehende Ostern zu backen. Und da man Zwillinge so wunderbar beschäftigen kann, wenn sie in der Küche mithelfen, hier drei Rezepte von Aurora, die sogar eine Kinderbackschule unter www.aurora-kinderbackschule.de bereit halten.

Backen macht Spaß und wer sich zu Weihnachten noch nicht ausgetobt hat, kann jetzt spezielle Leckerein für Ostern backen. Hier sind drei Rezepte von AURORA, die unter dem Motto „Sonnige Momente - mit Liebe selbst gemacht!" viele schöne Rezepte zusammengestellt haben. Das sind zum Beispiel Rezepte für Osterei-Plätzchen, Aprikosen-Spiegeleier und ein Osterbrötchen-Lamm. Viele weitere Back-Ideen finden sich auf www.aurora-mehl.de.
Spezielle Rezeptideen auch für Mini-Bäcker gibt es unter

www.backmomente.de.

Rezept 1 - Aprikosen-Spiegeleier
(Zutaten für ca. 14 Stück:)

Für den Teig:

- 250 g AURORA Sonnenstern-Mehl Type 405
- 2 TL Backpulver
- 50 g weiche Butter
- 50 g Zucker
- 1 Päckchen Vanillezucker
- 1 Ei (Größe M)
- 200 g Magerquark
- 1 Prise Salz
- Abgeriebene Schale einen ½ unbehandelten Zitrone
- eventuell etwas Milch

Außerdem:

- Mehl für die Arbeitsfläche
- Backpapier
- 7 frische Aprikosen oder 14 Aprikosenhälften aus der Dose

Zubereitung:

Mehl mit Backpulver mischen. Butter, Zucker, Vanillezucker, Ei, Quark, Salz und Zitronenschale zugeben und zu einem glatten Teig verkneten. Sollte der Teig zu fest sein, noch etwas Milch zufügen. Den Teig auf einer bemehlten Arbeitsfläche in 14 gleich

große Stücke teilen und diese zu Kugeln formen. Die Kugeln in Eiform ausrollen und auf mit Backpapier belegte Backbleche legen.

Die Aprikosen halbieren und entkernen oder in einem Sieb gut abtropfen lassen. Mit der Schnittseite nach unten in den Teig drücken, so dass die typische Spiegeleianmutung entsteht. Im vorgeheizten Backofen circa 12 - 15 Minuten auf der mittleren Schiene backen. Nach dem Backen auf einem Kuchengitter auskühlen lassen.

Herdeinstellung (vorgeheizt):
E-Herd: 200°C
Umluftherd: 180°C

Rezept 2 - OsterbrötchenLamm

(Zutaten für ein Lamm)

Für den Teig:

- 500 g AURORA Bestes Korn Weizenmehl Type 550
- 3/4 Würfel Hefe (30 g)
- 70 g Zucker
- ca. 170 ml lauwarme Milch
- 100 g weiche Butter
- 1 Ei (Größe M)
- 2 Eigelbe
- 1 Prise Salz
- Etwas abgeriebene Schale einer unbehandelter Zitrone

Außerdem:

- Mehl für die Arbeitsfläche
- Backpapier
- 1 Ei (Größe M)
- 1 TL Milch
- 1 Rosine
- 2 EL Hagelzucker

Zubereitung:

Mehl in eine Schüssel sieben, in die Mitte eine Mulde drücken und die Hefe hineinbröckeln. Mit 1 TL Zucker, Milch und etwas Mehl vom Rand verrühren. Abgedeckt ca. 15 Minuten an einem warmen Ort gehen lassen.

Mit den restlichen Zutaten zu einem glatten Teig verkneten, bis dieser Blasen wirft und sich vom Schüsselrand löst. Den Teig nochmals abgedeckt an einem warmen Ort circa 30 Minuten gehen lassen.

Den Teig auf einer bemehlten Arbeitsfläche zu einer Rolle formen, diese in 20 gleich große Stücke teilen. Aus 2 Stücken den Kopf formen, die restlichen Stücke zu runden Brötchen formen. Diese auf einem mit

Backpapier belegtem Backblech zu einem Lammkörper formen. Für die Beine längliche Brötchen formen. Das Ei mit der Milch verquirlen und die Brötchen damit bestreichen. Die Rosine als Auge in den Kopf drücken. Den Hagelzucker auf den Körper streuen und nochmals circa 30 Minuten abgedeckt an einem warmen Ort gehen lassen. Im vorgeheizten Backofen circa 20 Minuten auf der mittleren Schiene goldgelb backen. Nach dem Backen auf ein Kuchengitter ziehen und auskühlen lassen.

Herdeinstellung (vorgeheizt):
E-Herd: 200°C
Umluftherd: 180°C

Rezept 3 - Osterei-Plätzchen
(Zutaten für circa 25 Stück)

Für den Teig:

- 250 g AURORA Sonnenstern-Mehl Type 405
- 125 g weiche Butter
- 80 g Zucker
- 1 Päckchen Vanillezucker
- 1 Ei (Größe M)
- 1 Prise Salz

Außerdem:

- Mehl für die Arbeitsfläche
- Backpapier
- 100 g Puderzucker
- 2 EL warmes Wasser
- 100 g Aprikosenkonfitüre

Zubereitung:

Mehl mit Butter, Zucker, Vanillezucker, Ei und Salz rasch zu einem glatten Teig verkneten. und diesen mindestens 60 Minuten in den Kühlschrank stellen. Den Teig auf einer bemehlten Arbeitsfläche circa 3 mm dick ausrollen und mit einem Keksausstecher in Eiform Plätzchen ausstechen. Wer keinen Ausstecher hat, kann sich eine Schablone in Eiform malen und die Plätzchen entlang dieser Schablone mit einem Messer ausschneiden. In die Hälfte der Plätzchen ein kleines, rundes Loch ausstechen. Auf mit Backpapier belegten Bleche legen und im vorgeheizten Backofen circa 8 - 10 Minuten auf der mittleren Schiene hell backen. Nach dem Backen mit dem Backpapier auf ein Kuchengitter ziehen und auskühlen lassen. Puderzucker mit Wasser glatt rühren und die Plätzchen mit Loch damit bestreichen. Die Glasur trocknen lassen. Die Aprikosenkonfitüre durch ein Sieb streichen. Anschließend kurz aufkochen und jeweils ein Plätzchen mit und ohne Loch damit zusammensetzen. Die Plätzchen mindestens zwei Stunden trocknen lassen.

Herdeinstellung (vorgeheizt):
E-Herd: 200°C
Umluftherd: 180°C

Dies und das - Ananas: Janna & Astrid werden unaufhaltsam „groß" ...

Seit vielen Jahren begleiten wir Janna und Astrid durch's Leben. Ihre Mutter - Sigrun Eder - ist Psychologin und hat zusammen mit dem Verlag Edition Riedenburg die „SOWAS!"-Buchreihe ins Leben gerufen. Mit ihren eigenen Zwillingen lernt sie täglich dazu und lässt uns daran teilhaben. Bald sind die eineiigen Zwillingsmädchen Schulkinder ...

Mir kommt es vor, Astrid und Janna machen stetig einen Entwicklungsschritt nach dem anderen.

Neue Zähne & etwas Angst vor der Schule.

Janna hat hinten rechts einen Backenzahn bekommen. Und nicht ich, sondern die Dame, die die Zahngesundheit der Kinder im Kindergarten überprüft, hat das entdeckt. Wie mir das durch die Lappen gegangen ist, kann ich mir nicht erklären. Schließlich putze ich sorgfältig nach und das täglich. Janna meinte: „Jetzt weiß ich, warum es mir da hinten öfters weh getan hat."

Wir hatten auch die Schülereinschreibung zu meistern. Astrid und Janna waren Tage vorher schon aufgeregt und das meldete auch die Pädagogin zurück. Sie hatten eine irrationale Angst, die schier übermächtig war. Ich musste Janna in die Schule tragen und Astrid ließ die Hand von ihrem Papa nicht los.

Astrid (links) und Janna sind eifrige Schneemann-Bauerinnen. Sie waren auf unserem Cover vom letzten Heft drauf. Bald beginnt der „Ernst des Lebens", der beiden nicht ganz geheuer ist ...

Im Büro der Direktorin entspannten sie sich allmählich, packten ihre mitgebrachten Stifte und Malbücher aus und verhielten sich wie zwei Musterschülerinnen. Sie antworteten gut auf Fragen, hielten sich ansonsten zurück, was für sie ohnehin typisch in neuen Situationen ist. Ich sprach mich deutlich dafür aus, dass meine Töchter gemeinsam in einer Klasse unterrichtet werden. Die Direktorin hatte eine andere Vorstellung, respektierte es jedoch.

Trennung? Mit mir nicht.

Ich sehe keinen Sinn darin, Astrid und Janna zu trennen und ihnen einen massiven Verlustschmerz zuzufügen. Das wäre brutal und einschneidend und würde den Start in die nächste Lebensphase erheblich erschweren. Denn die beiden sind füreinander primäre Bindungspersonen und eine wichtige Ressource im Alltag, auch wenn sie fähig sind, getrennt von einander ihren Interessen zu folgen und lautstark und mit vollem Körpereinsatz zu streiten. Außerdem kenne ich genug Geschichten von Zwillingen, die durch die Beschulung in getrennten Klassen auch unterschiedliche Schulchancen hatten. Froh, hier Klarheit geschafft zu haben, konnte ich das Gespräch gut fortsetzen. Auch bei Astrid und Janna ist allmählich die Anspannung einer Entspannung gewichen, weil beide auch eingeschlafen sind. Astrid am Schoß ihres Papas eingekuschelt, während Janna als Kopfpolster den Schreibtisch der Direktorin verwendete. Die Überprüfung der Schulreife erfolgt im März.
Als wir kürzlich gemeinsam krank waren, durften sie richtig viele Lieblingssendungen schauen. Das Kuscheln und auf der Couch knotzen, tat uns allen sehr gut. Janna, der es am besten ging, stellte fest: „Das ist ein bisschen wie Urlaub!" und meinte, wann wieder Freitag sei. Denn da hätte man frei, weil das im Wort Freitag steckt. Ein bisschen wahr ist es, weil ich freitags nicht in der Klinik tätig bin und wenn keine anderen Termine anstehen, Astrid und Janna wirklich frei haben. Etwas enttäuscht ging Janna dann dazu über zu fragen, wann wieder Urlaub ist. Das konnte ich ihr ganz genau sagen und das weckte dann wieder viele Erinnerungen an den vergangenen Sommerurlaub am Wörthersee in Kärnten. Und weil es heuer auch wieder mit den Uttendorfer Großeltern dorthin geht, wollte Astrid die Zuckerl schon festlegen, nämlich mit: „Dürfen wir dann wieder jeden Tag ein Eis haben?", „Können wir auch in der Früh schon schwimmen gehen?", „Geht Opa wieder mit uns die Fische füttern?" Die Frage: „Macht Oma uns wieder die Nägel?" fehlte, aber vermutlich deshalb, weil wir im Krankenstand schon selbst die Finger- und Zehennägel bunt lackiert hatten.

Einmal erste sein ...

Janna mag es, morgens, vor Astrid am Tisch zu sitzen. Sie mag es gar nicht, wenn ich ihrer Schwester zuerst beim Munterwerden und Ankleiden helfe. Das hat sie mir unmissverständlich erklärt. Ich vermute, es hat damit zu tun, dass sie als zweite geboren ist und sie dieser Umstand noch immer manchmal ärgert. Astrid mag es, zu kochen und zu backen. Am liebsten würde sie alles alleine machen. Und beide Mädels gemeinsam lieben es, Gemüse und Schafskäse für das Abendessen zu schneiden. Nur leider essen sie häufig nichts davon, weil sie sagen: „Mama, das haben wir ja für dich geschnitten!" Und ich mag es, meine Töchter wachsen und gedeihen zu sehen

Spielen macht immer Spaß - Astrid (links) und Janna bauen schon wieder einen Schneemann.

und weiß manchmal im ersten Moment gar nicht so recht, was ich machen soll, wenn sie nach dem Kindergarten in ihr Zimmer verschwinden und die Tür hinter sich zu machen. Und wenn ich am Wochenende telefoniere, kommen sie zu mir und sagen: „Mama, leg das Telefon weg. Am Wochenende tut man das nicht". *g* (Sigrun Eder)

Ein Erzählbuch: Weg mit den Windpocken

„Wilma und die Windpocken" ist ein Bilder-Erzählbuch für Kinder, die gerade Windpokken haben oder mehr darüber wissen wollen. Zahlreiche Mit-Mach-Seiten helfen dabei, die juckende Zeit besser zu überstehen. Im medizinischen Nachwort informiert die Ärztin Dr. med. Ute Taschner Eltern über das Erscheinungsbild und die richtige Behandlung dieser typischen Kinderkrankheit.

Band 17 der Kindersachbuchreihe „SOWAS!" von Psychologin Sigrun Eder (www.sowas-buch.de).

Verlag edition riedenburg
www.editionriedenburg.at
ISBN 978-3-903085-88-6
14,90 Euro

Neue Bücher für Euch 1

Diesmal haben wir zwei Bücher „im Gepäck", die unterschiedlicher nicht sein können ... eines ist für Anfänger-Eltern gedacht, das andere für Eltern, deren Teenager mitten in der Pubertät stecken. Wie immer können Sie sich mit einem kleinen Beitrag für ZWILLINGE um die Bücher bewerben.

Stiftung Warentest, „Babys für Einsteiger 365 Tipps", ISBN 978-3-86851-157-4, 16,90 Euro.

Neu-Eltern, die noch keine Ahnung haben, werden in diesem Buch jede Menge guter Tipps finden. Es geht hier quasi „um alles" ... angefangen von A wie Allergien, über E wie Einschlafhilfen bis hin zu Z wie Zufüttern.

Die vielen guten Tipps, die die jungen Eltern rund ums Jahr begleiten sind übersichtlich dargestellt und reich bebildert. Warnungen und Empfehlungen halten sich die Waage.

Ich habe das Buch für Sie durchgeblättert und auch tatsächlich noch Dinge gefunden, die ich bisher noch gar nicht wusste. Und das als gestandene Mutter dreier inzwischen erwachsener Jungs.

Sehr schön fand ich das Kapitel „Spielzeug Marke Eigenbau" ... mit etwas Phantasie kann man nämlich aus Alltagsgegenständen interessante Spielzeuge basteln ... und dann habe ich noch auf die nächsten Seiten geblättert und was sehe ich da? Den Tipp für junge Mütter, nicht dauernd mit dem Smartphone herumzufuchteln. Auch das ist ganz nach meinem Geschmack. Denn vernachlässigte Babys sind in ihrer Entwicklung gravierend beeinträchtigt.

Und bitte: auch, wenn sich Ihre Zwillinge schön miteinander beschäftigen - auch sie brauchen die direkte Ansprache durch die Mutter und den Vater. Wir haben ja auch schöne Bücher für die Beschäftigung mit Zwillingen und Drillingen. Natalie Schmitz, Zwillingsmutter und Erzieherin, hat sie zusammengestellt.

• „Zwillinge spielend fördern", ISBN 978-3-927058-17-0, 22,90 Euro und

• „Zwillinge fit für die Schule", ISBN 978-3-917058-30-9, 22,90 Euro.

Ich bin vom Thema abgekommen ... also das Buch der Stiftung Warentest ist auf jeden Fall empfehlenswert. Wer es gerne haben möchte, schreibt uns einfach einen kleinen Beitrag für ZWILLINGE - DAS MAGAZIN und schickt diesen an info@twins.de. Als kleines Dankeschön kann er/sie sich dieses hier vorgestellte Buch wünschen.

Neue Bücher für Euch 2

Die Pubertät ist quasi eine Art zweite Trotzphase. Auch hier geht es wieder darum, dass die langsam erwachsen werdenden Kinder selbständiger werden und sich von den Eltern lösen möchten. Ist die Phase bei Zwillingen doppelt hart? Unter Umständen. Hier ist ein Buch, das tröstet.

Irgendwie haben wir sie ja alle überlebt, die Pubertät. Und aus den allermeisten von uns ist sogar etwas Anständiges geworden. Warum befürchten wir dann, dass unsere pubertierenden Kinder nie die Kurve kriegen werden? War es bei uns früher anders? Oder waren wir genauso, nur unser Blickwinkel hat sich aus der Elternperspektive fundamental geändert?

In „Die tun nicht nichts, die liegen da und wachsen" (Patmos Verlag) erzählt Elisabeth Raffauf augenzwinkernd wahre Pubertätsgeschichten. Dabei erinnert sie sich auch an die eigene Pubertät zurück und lädt die Leserin/den Leser dazu ein, selbst an die eigenen Chaosjahre zurückzudenken.

Das Buch will kein Ratgeber sein - sondern Geschichten über und aus der Pubertät erzählen. Sprachlich kommt es sehr flott daher und liest sich schon von daher ausgezeichnet. Und ehrlich gesagt, animiert es auch mich dazu, an die eigene - längst vergangene - Pubertät zu denken. Durch die verschiedenen Geschichten werden verschiedene Pubertätsszenarien dargestellt und natürlich gibt's auch für jedes Problem eine Lösung - aber nicht mit erhobenem Zeigefinger ...

Ein gelunges Buch zum Thema.

Wer Interesse daran hat, kann sich dafür bewerben. Wir verlosen es auf unserem Blog:
www.zwillingemachenkriegenhaben.de

Elisabeth Raffauf, „Die tun nichts, die liegen da und wachsen", Patmos Verlag, ISBN 978-3-8436-1019-3, 18 Euro.

Über die Autorin:

Elisabeth Raffauf ist als Diplom-Psychologin in einer Erziehungsberatungsstelle sowie in eigener Praxis in Köln tätig. Sie arbeitet für die Aufklärungsreihe „Herzfunk" im WDR und gehört zum Beratungsteam der Kindernachrichtensendung „LOGO" im ZDF. Sie ist Autorin zahlreicher Erziehungsratgeber und Aufklärungsbücher. Elisabeth Raffauf ist selbst Mutter einer Tochter und eines Sohnes.

Die große Schwester Celina ist Bademeister für Leni und Julia.

Kira und Zoe halten schön still beim gemeinsamen Baden ...

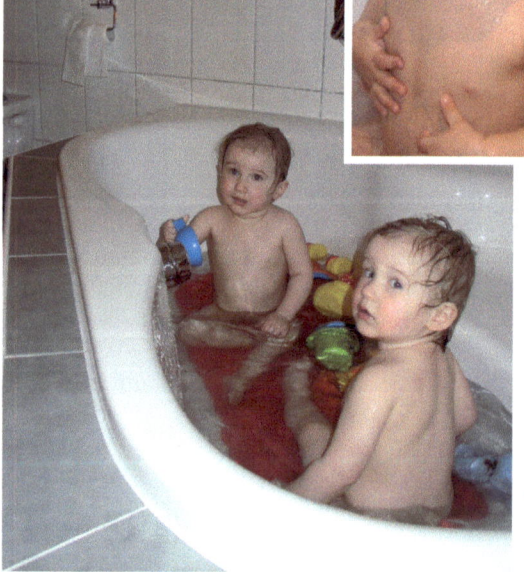

Lena und Sophie und jede Menge Badespielzeug und - natürlich eine rutschfeste Matte ...

Luke und Lilly haben den Papa mit in die Wanne genommen.

Nevio und Bennet sitzen sicher in ihren Bade-sitzen.

Neue Fotos gesucht ... wir nehmen immer noch gerne Fotos ... schickt sie an info@ twins.de

Niklas und Philip und gaaaanz viel Schaum ...

Krankes Kind - was nun? Welche Rechte gibt es für Berufstätige?

Eines der größten Probleme beim Wiedereinstieg in den Beruf ist für Mütter der Notfall „eines der Kinder wird krank". Wer kümmert sich dann um das kranke Kind? Wie lange darf die Mutter zu Hause bleiben? Kann der Vater einspringen? Hier die gesetzlichen Vorschriften - zusammengestellt von Randstad.

Wenn ein Zwilling fiebert, Ausschlag oder Durchfall hat, geht es nicht in den Kindergarten, sondern zum Arzt. Noch schlimmer: der zweite Zwilling wird nicht lange auf sich warten lassen.

Meist bleiben die Mütter zu Hause beim kranken Kind..

Und ein Elternteil muss zu Hause bleiben, um das kranke Kind/die kranken Kinder zu versorgen. Nach wie vor sind es überwiegend die Mütter (2016: 77 Prozent), die im Krankheitsfall eines Kindes zu Hause bleiben müssen. Und nicht wenige fürchten Probleme am Arbeitsplatz, weil das kranke Kind schon wieder betreut werden muss. Wie lange und wie oft ein Elternteil dabei zu Hause bleiben darf, wissen viele nicht.

Grundsätzlich gilt: Berufstätige eines kranken Kindes haben nach § 616 BGB für einen begrenzten Zeitraum im Jahr Anspruch auf bezahlte Freistellung von der Arbeit. Wie lange der Arbeitgeber freistellen muss, hängt insbesondere vom Alter des Kindes ab. „Das Bundesarbeitsgericht hat die Faustregel aufgestellt, dass bei der Erkrankung eines Sprösslings unter acht Jahren fünf Arbeitstage angemessen sind, die nicht mit Urlaubstagen oder Überstunden verrechnet werden dürfen", sagt Petra Timm, Sprecherin des Personaldienstleisters Randstad.

Darüber hinaus haben gesetzlich Versicherte einen Anspruch auf unbezahlte Freistellung von der Arbeit, wenn das kranke Kind ebenfalls gesetzlich versichert ist, das zwölfte Lebensjahr noch nicht vollendet hat und durch keine andere Person im Haushalt betreut werden kann. Das ist durch ein ärztliches Attest nachzuweisen. Außerdem muss der Arbeitgeber sofort darüber informiert werden.

Anspruch auf Kinderkrankengeld.

Für die Dauer der Freistellung besteht dann Anspruch auf Zahlung von Kinderkrankengeld, das bei der Krankenkasse beantragt wird und etwa 90 Prozent des Nettogehalts beträgt.

Dieses Kinderkrankengeld wird zehn Arbeitstage im Kalenderjahr für ein Kind gezahlt, bei Alleinerziehenden für 20 Tage. Gehören mehrere Kinder zum Haushalt, können pro Jahr maximal 25 Tage genommen werden, Alleinerziehende höchstens 50 Tage.

Doch nicht selten ist die Anzahl an Krankengeldtagen schon vor Jahresende aufgebraucht. Manchmal stehen auch wichtige berufliche Termine an, die man nicht so einfach verschieben kann. Oder die Scheu ist zu groß, vom Recht auf Freistellung Gebrauch zu machen. Dann gibt es zwei Möglichkeiten. „Die Krankengeldtage können vom anderen Elternteil übertragen

werden", weiß Petra Timm. Voraussetzung dafür ist, dass beide gesetzlich versichert sind. Außerdem müssen die jeweiligen Krankenkassen über die Neuaufteilung informiert werden.

Variante zwei ist, einen privaten Betreuungsdienst einzuschalten. Der kommt zum kranken Kind nach Hause, kümmert sich bis zu acht Stunden und erledigt auf Nachfrage zusätzlich auch den Haushalt. Die Kosten von bis zu zwölf Euro je Stunde müssen allerdings aus eigener Tasche bezahlt werden.

Außerdem muss natürlich das Vertrauen in einen solchen Dienst vorhanden sein. Wer gibt schon gern sein krankes Kind in fremde Hände?

Private Betreuungsdienste könnten einspringen - doch: wo findet man sie?

Wer einen privaten Betreuungsdienst in Anspruch nehmen will, wendet sich am besten an den örtlichen Kinderschutzbund, um entsprechende Adressen zu erfahren. Im Internet finden sich die örtlichen Homepages der regionalen Niederlassungen.

Und auch unter folgenden Adressen, findet sich vielleicht eine bezahlbare Betreuungsperson.

* www.betreut.de
* www.hallobabysitter.de
* www.wellcome-online.de
* www.leihomaservice.de

Das Beste aber ist immer noch eine Betreuungsperson aus dem eigenen, privaten Umfeld - zum Beispiel die Oma oder eine gute Freundin.

Neue Adresse ... bitte mitteilen!

Sie sind umgezogen? Oder haben es in Kürze vor? Dann schicken Sie uns ganz formlos Ihre neue Adresse per E-mail an:

info@twins.de

Zwillingsmama außer Dienst - Knie-OP

Mütter sind eigentlich immer „im Dienst". Zwillingsmütter sowieso. Sie können sich nicht einfach hinlegen und sagen: „So, ich bin jetzt krank!" Lasst mich einfach mal krank sein!" Zwillingsmutter Franziska hatte allerdings ein Problem: sie musste sich am Knie operieren lassen. Wie sie diese Zeit gemeistert hat, erzählt sie uns.

Mama außer Dienst - wie wir das handhaben? So: Wir hatten einige Wochen Zeit bis zum OP-Termin im Krankenhaus, also konnten wir uns schon einmal drauf einstellen.

In der Woche, in der die Kreuzband-OP stattgefunden hat, hat sich der Papa Urlaub genommen, so dass jemand Vertrautes immer bei den Kindern war und ich etwas ruhiger im Krankenhaus liegen konnte.

Papa hat seine Jungs super im Griff, wenn die Mama nicht da ist. Und mit Papa ist es immer auch etwas spannender zu Hause ;-))

Der große Bruder Björn musste ja in der Zeit, in der ich im Krankenhaus lag, auch in die Schule gefahren werden und die Zwillinge Sören und Emil in den Kindergarten gebracht werden .

Die Tage im Krankenhaus sind dann auch schnell rumgegangen. Die Operation ist super gelaufen - es war die erste Operation meines Lebens. Ich habe eine Spinal Anästhesie bekommen und war somit bei Bewusstsein. Das war dann schon spannend im OP. Gegen die Aufregung hatte ich eine Beruhigungstablette bekommen und dann hat sich die Aufregung eigentlich gelegt. Ich habe glücklicherweise nicht lange warten müssen, ich war auch gleich dran mit der OP .

Im Zimmer angekommen gab es erst einmal etwas zu essen und dann hieß es ausruhen,

aber nicht zu lange. Am nächsten Tag ging das Physiotherapie Training gleich los

Als Hilfsmittel habe ich eine Orthese bekommen, die das Knie in der Bewegung etwas einschränkt. Krücken habe ich auch bekommen.

Ich sollte gleich einmal lernen, wie ich mit den Krücken Treppen steigen kann. Dann wurde ich mit dem operieren Bein auf die Waage gestellt. Ich sollte mal drücken, bis 30 Kilo erreicht waren, um ein Gespür dafür zu bekommen. Denn nur so durfte ich auftreten und mein operiertes Bein mit maximal 30 Kilogramm belasten. Damit bin ich zu Hause eigentlich ganz gut zurecht gekommen.

Seit ich zu Hause bin, läuft es so: Der Opa fährt die Jungs in Schule und Kindergarten und holt sie auch wieder ab. Meine Mutter - die Oma - fährt mich zur Physiotherapie. Soweit haben wir alles gut durchgeplant und die Kids sind so lieb und haben mir geholfen, wo sie konnten und haben sich voll süß um mich gekümmert.

Meine Beweglichkeit wird jeden Tag besser, da ich auftreten kann und inzwischen auch schon zur Vollbelastung übergegangen bin. Die Krücken habe ich schon bei Seite gestellt und die Kids hatten auch ihren Spaß mit den Krücken ..

Fechten zum Beispiel - war toll. Und sie haben auch versucht, damit zu laufen. Da die Krücken aber für die Kinder zu groß waren, hat sich Sören auf den Stuhl gestellt, um die Krücken besser fassen zu können.

Damit haben sie mich dann schon genervt, denn ständig sind die Krücken umgefallen, machten dabei einen Höllenlärm und ständig standen sie woanders, wenn ich sie brauchte, und so weiter ...

Die Orthese stabilisiert das frisch operierte Knie ganz gut, so dass ich eigentlich eine ganze Menge machen kann. Nur Auto fahren ist eben noch nicht drin - aber das wird auch bald wieder besser werden.

Dank meiner Familie, die mich da in allem unterstützt und auch mit den Jungs hilft, kommen wir ganz gut zurecht. Mein Motto ist: immer in Bewegung bleiben - das ist das beste Training und bei meinen drei Jungs bleibe ich zwangsläufig immer in Bewegung ;-))

Demnächst gehe ich zur einer ambulanten Reha-Kur - danach denk ich, bin ich wie-

Faxen machen mit den Krücken

der fit. Ansonsten hatte ich mir alles etwas schlimmer vorgestellt. Klar, direkt nach der OP musste mich noch etwas zurücknehmen und noch etwas langsamer machen. Aber: alles wird gut.

Mein Ziel ist es ja, bald mit meinem großen Sohn Inliner zu fahren, die er vom Weihnachtsmann bekommen hat ;-))

Liebe Grüße - Franziska

Wenn die Familie zusammenhilft, ist auch ein Krankenhausaufenthalt der Mama zu bewältigen. Trotzdem sind alle froh, wenn Franziska wieder nach Hause kommt - hier hilft Zwilling Sören den Koffer zu ziehen, damit's schneller geht.

Tod: ein schwieriges Kapitel für Kinder

Wieviel Ehrlichkeit kann man Kindern zumuten? Zwillingsmutter Anjas Familie hat im vergangenen Jahr zahlreiche Angehörige zu Grabe getragen. Die Kinder haben die Ereignisse zwar recht gut aufgenommen, dennoch bleibt die Frage: Kann man Kindern den Tod erklären?

Unser letztes Jahr was sehr schwierig. Ich will gar nicht genau schreiben, was alles passiert ist, dafür ist es nämlich zu viel.

Nur so viel: Wir haben insgesamt sechs Familienmitglieder beerdigen müssen. Mein Vater starb plötzlich und komplett unerwartet. Es war und ist für uns alle immer noch ein Schock.

Unsere damals fast vierjährigen Zwillinge haben die Ereignisse recht gut aufgenommen.

Sechs Verwandte starben in nur einem Jahr.

Innerhalb nicht mal eines Jahres verließen uns dann auch noch mehrere Urgroßeltern. Einige waren krank, aber auch da kam der Tod ganz plötzlich.

Wir haben uns immer die Zeit genommen, uns mit den Kindern zusammen zu setzen und zu erzählen, was vorgefallen ist.

Meistens haben die Zwillinge uns ein paar Fragen gestellt, die wir versucht haben, möglichst kindgerecht zu beantworten. Aber oft haben die beiden das auch einfach so hingenommen.

Ihre Fragen kommen erst jetzt, also nach einigen Monaten. Jetzt merkt man, dass das ganze Thema nicht spurlos an den beiden vorbei gegangen ist. Die beiden reden oft von denen, die gestorben sind, oder es ist ihnen wichtig, dass die Kerzen auf dem Tisch brennen. Aber ich habe nicht das Gefühl, dass die beiden durch die Ereignisse verändert wären. Ich hoffe einfach, dass wir vieles aus dem Bauch heraus richtig machen und den Kindern in diesen unruhigen Zeiten eine Stütze sind.

Bei allen Beerdigungen haben wir uns bewusst dafür entschieden, die Zwillinge nicht mitzunehmen. Wie will man vierjährigen Kindern erklären, was eine Beerdigung oder was eine Urne ist?

Auch brauchten wir die Zeit in der Kirche zum Trauern und Abschied nehmen. Aber soweit es die Entfernung zuließ, sind wir mit den Kindern nach der Kaffeetafel zur geschmückten Grabstelle gefahren.

Bevor die Zwillinge geboren wurden, ist meine Schwiegermutter ebenfalls verstorben. Die beiden haben ihre Oma also nie kennengelernt, aber die beiden wissen von uns, dass sie eine tolle Frau war und sehr gerne Oma geworden wäre.

Unsere Zwillinge erinnern sich an die schönen Zeiten.

Unsere Zwillinge sind zum Glück schon alt genug, um sich ein wenig an ihren Opa und die Urgroßeltern zu erinnern und an die schönen Sachen, die sie zusammen erlebt haben. Und dann haben wir ja noch die vielen Fotos und wir als Eltern können viele schöne Erinnerungen weitergeben.

So im Nachhinen kann ich gar nicht genau sagen, wie wir die schwere Zeit durchgestanden haben. Aber die Kinder helfen da auch. Sie zeigen einen wofür man weitermachen muss. (Anja)

www.kindertrauer.info

Auf der Internetseite www.kindertrauer.info finden betroffene Eltern gute Informationen, wie sie mit dem Thema Tod ihren Kindern gegenüber umgehen können.

„Kinder trauern anders", steht da als erste Information. „Je nach Altersstufe gehen sie sehr unterschiedlich mit dem Verlust um. Ihre Reaktionen verunsichern oder irritieren die Erwachsenen, da manchmal der Eindruck entsteht, die Kinder würden gar nicht trauern."

Häufig beobachten Eltern den ganz plötzlichen Wechsel von Traurigkeit zu Spiel und Spaß, Schlafstörungen, Albträume, Rückgang von Schulleistungen, Gereiztheit und Launenhaftigkeit, starke Trennungsängste, Rückkehr von bereits abgelegten Verhaltensweisen (wie zum Beispiel Daumenlutschen, Bettnässen), große Angst um die noch lebenden Angehörigen, Übernahme der Aufgaben des Verstorbenen, Vorwürfe gegen sich und andere. Schuldgefühle (subjektives Schuldempfinden).

Jüngere Kinder sind meist noch nicht in der Lage, die Komplexität des Todes zu verstehen bzw. haben sehr eigene Vorstellungen davon. Für manche ist 'tot sein' nur ein langer Schlaf, von dem man ja irgendwann wieder aufwacht. Oder es ist nur eine lange Reise, von der man wieder zurückkommen wird. Ältere Kinder haben meist schon ein besseres Verständnis über Tod und Vergänglichkeit. Häufig glauben sie jedoch, an dem Tod in irgendeiner Weise schuld zu sein.

Was Kinder brauchen, sind Informationen. Dies ist der allerwichtigste und bedeutendste Punkt. Kinder haben das Recht, zu erfahren, was passiert ist. Sie sollten kindgerecht und umfassend über die Umstände des Todes informiert werden. Und es ist wichtig, die Kinder (sofern sie es wünschen) bei den wichtigen Dingen, die im Zusammenhang mit dem Tod bzw. dem Verstorbenen stehen, mit einzubeziehen (vor allem bei der Abschiednahme, der Gestaltung der Trauerfeier usw.).

Mehr Infomation unter
www.kindertrauer.info

Sigrun Eder, Tanja Wenz, Evi Gasser, „Abschied von Mama - Das Bilder-Erzählbuch zum Trösten und Erinnern für Kinder, die ihre Mama verlieren", Edition Riedenburg, ISBN 978-3-903085-76-3, 14,90 Euro.

Woran liegt verzögerte Sprachentwicklung?

Zwillingen wird ja oft nachgesagt, dass sie schlechter sprechen als gleichaltrige, einzeln geborene Kinder. Stimmt das? Und woran liegt das? Immer wieder versuchen Forscher, die Ursache dafür zu klären. Zuletzt hat sich die Universität in Kansas damit befasst.

Warum haben Zwillinge öfter Verzögerungen beim Spracherwerb? Das fragte sich 2014 Professorin Mabel Rice, die zusammen mit weiteren Forschern der Kansas University das Phänomen erforschte.

Warum sprechen Zwillinge oft schlechter?

Die Forscher nahmen insgesamt 473 Zwillingspaare unter die Lupe und begleiteten sie auf dem Weg zum Spracherwerb von Geburt an. Sie fanden heraus, dass 47 Prozent der eineiigen Zwillinge eine verzögerte Sprachentwicklung aufwiesen - verglichen mit 31 Prozent der Vergleichsgruppe zweieiiger Zwillinge also deutlich mehr. Die Kinder waren zum Zeitpunkt dieses Ergebnisses 24 Monat alt.

Betrachtete man die Zwillinge insgesamt (also ein- und zweieiige Zwillinge) und verglich sie mit einzeln geborenen Kindern, war der Unterschied noch größer. Zwillinge hatten doppelt so häufig Probleme und Verzögerungen beim Spracherwerb. Keines der Kinder hatte Behinderungen, die den Spracherwerb negativ beeinflussen hätten können.

Die Ergebnisse dieser Studie wurden im Juni 2014 im „Journal of Speech, Language, and Hearing Research" veröffentlicht. Professorin Mabel Rice, die die Studie leitete, konstatierte, dass alle Aspekte des Spracherwerbs - also Umfang des Vokabulars, Kombination von Wörtern und Grammatik - berücksichtigt worden waren und diese Untersuchungen hatten ergeben, dass 43 Prozent aller untersuchten Zwillinge Defizite beim Erwerb der Sprache hatten. Dies hätte allerdings eindeutig einen Bezug zur genetischen Veranlagung dieser Kinder.

Den Zwillingseffekt - wie die Ursache für das schlechtere Sprechen von Zwillingen verglichen mit Einlingen genannt wird, erwarteten die Forscher bei allen Zwillingen - eineiigen wie zweieiigen. Tatsächlich war er etwas größer bei eineiigen Zwillingen. Die Professorin sah darin einen Hinweis auf die Erblichkeit von Sprachfähigkeiten.

Sind Sprachverzögerungen erblich?

„Dieses Ergebnis stellt die Annahme in Frage, dass Zwillinge vor allem deshalb später sprechen lernen oder schlechter sprechen, weil die Zwillingsmutter ihnen einzeln nicht so viel Aufmerksamkeit widmen kann, weil sie so stark mit der Versorgung zweier gleichaltriger Kinder beschäftigt ist", sagt Mabel Rice. „Dieses Ergebnis kann Eltern beruhigen, die ein schlechtes Gewissen haben, weil sie sich angeblich nicht genug und individuell um ihre Zwillinge kümmern." Andererseits stellten die Forscher auch fest, dass der verzögerte Spracherwerb mit der häufigen Frühgeburtlichkeit und Geburts-komplikationen bei eineiigen Zwillingen zusammenhängen könnte. Diese Nachteile könnten den Spracherwerb

Zwillings-sprache - hier geht vieles non-verbal ...

negativ beeinflussen. Diese Erkenntnis führt dazu, dass die Forscher eine neue Studie planten. In dieser weiterführenden Untersuchung werden Zusammenhänge zwischen Schwangerschaftsverlauf und Geburtsrisiken untersucht.

Holen die Zwillinge sprachliche Defizite jemals auf?

Mabel Rice und ihr Team hat die Zwillinge der Studie bis 2017 weiter beobachtet. Denn auch die weitere Sprachentwicklung in den Jahren der Vorschule und dann in der Schule, kann Aufschluss darüber geben, warum sie bei Zwillingen oft hinterher hinkt. Und nicht nur das. Die Forscher untersuchen auch, ob Zwillinge dieses Defizit bis zum Jugendalter wettmachen.

„Zwillingsstudien geben uns die einmalige Möglichkeit, den Einfluss von Umwelt und Vererbung zu analysieren," erklärt die amerikanische Professorin, „das Ergebnis sagt auch etwas darüber aus, welchen Einfluss Vererbung und Umwelt bei einzeln geborenen Kindern haben."

Testverfahren für die weltweite Forschung über Spracherwerb.

Andere Sprachforscher überprüften nicht nur die Anzahl der Wörter (Wortschatz) der untersuchten Kinder und ob sie die Wörter miteinander zu einem Satz kombinierten. Mabel Rice and Kenneth Wexler, Professor des Massachusetts Institute of Technology, testeten die grammatikalischen Fähigkeiten von unterschiedlichen Probandengruppen. Sie wollten wissen, ob die Testpersonen die Vergangenheitsformen benutzen oder nicht. Der Test wurde bereits 2001 als „Rice/Wexler-Test of Early Grammatical Impairment" bekannt.

In der internationalen Forschungsszene - zum Beispiel in Australien (Perth) und in Nebraska (University of Nebraska Medikal Center) wurde mit dem neuen Test gearbeitet, um die sprachliche Beeinträchtigung zu untersuchen.

Und da Zwillinge in vieler Hinsicht ein interessantes Forschungsobjekt darstellen, wird weiter geforscht. Wir werden berichten ...

Hilfe! Meine Zwillinge sprechen so schlecht

Viele Zwillingseltern machen sich Sorgen, weil ihre Zwillinge mit knapp zwei Jahren noch nicht sprechen. Was raten andere Zwillingseltern? Folgende Foreneinträge sind typisch für diese Sorgen.

Hallo, meine Zwillingsmädchen (jetzt 23 Monate alt und eineiig) sprechen fast nichts. Das einzige Wort, das sie wirklich beherrschen ist „heiß" ... Ich fange an, mir Sorgen zu machen.

Unser Kinderarzt hat versucht, mich zu beruhigen. Viele Zwillingen sprechen mit zweieinhalb Jahren noch nicht. Mit den Ohren scheint alles in Ordnung zu sein, denn verstehen tun die beiden anscheinend alles ... (Martina P.)

Wenn mit den Ohren alles stimmt, kannst Du abwarten. Viele Kinder - auch Nicht-Zwillinge - sprechen mit 2,5 Jahren noch nicht viel. Meine Zwillinge haben schon sehr früh gut gesprochen. Das einzige, was auffällig war, ist, dass sie lange nicht „ich" gesagt haben. (Petra T.)

Unser Pärchen ist auch gerade 2,5 Jahre alt. Unsere Tochter spricht ein wenig und unser Sohn fast gar nichts. Mit ihm sind wir schon in der Pädaudiologie gewesen und sicherheitshalber gehen wir demnächst mit beiden zum HNO-Arzt. Unsere Kinderärztin hat es nicht so dramatisch gesehen. Wir gehen lieber auf Nummer sicher. (Marie V.)

Zwillinge können Sprache langsamer entwickeln als Einlinge, wenn man weniger mit ihnen spricht und sie sich häufig selbst überlassen sind. Dann haben sie ja kein sprachliches Vorbild oder nur eines, das gleich schlecht spricht. So habe ich es in einem Ratgeber gelesen.

Wenn die Kinder ein organisches Problem mit den Ohren haben, sieht das natürlich anders aus. Gerade Zwillinge, die oft zu früh geboren werden, können auch eine Entwicklungsverzögerung haben, die aber auch Einlinge haben können. Das muss man natürlich abklären lassen.

Meine eigenen Zwillinge haben übrigens sogar früher gesprochen als viele ihrer Altersgenossen. (Gaby M.)

Meine Zwillinge haben wenig gesprochen und auch sehr undeutlich. Wir sind dann zum Logopäden gegangen, weil uns das nicht geheuer war. Unser Sohn hat das sprachliche Defizit schnell aufgeholt. Unsere Tochter nicht. Blöd war, dass die Ärztin immer nur wenige Stunden Logopädie aufgeschrieben hat.

Bevor sie in die Schule kamen, habe ich nochmal Gas gegeben und eine Sprachtherapie mit ihr veranlasst. Die Logopädin stellte dann auch fest, dass sie eine Sprechdyspraxie hat - also nicht nur eine Entwicklungsverzögerung. Diese Fehlfunktion beim Sprechen (die Sprechbewegungen sind falsch) kann logopädisch behandelt werden. Aber anders. (Melanie C.)

Logopädie auf neuen Wegen - weniger Drill

Zwillinge fangen häufig (nicht alle!) später zu sprechen an als gleichaltrige Einlingskinder. Bei manchen schleichen sich Sprachfehler ein. Aber: führt mehr Training zum gewünschten Erfolg? Die Logopädin Bärbel Koch hat ihre Erkenntnisse aus 25 Jahren Logopädiepraxis in einem Buch zusammengefasst. Wir geben das Buch gern an jemanden weiter, der es braucht.*

Kinder lernen von Vorbildern. Auch Zwillinge. Bei ihnen kommt jedoch die Besonderheit hinzu, dass sie außer der Mutter/dem Vater immer auch ein gleich schlecht (oder gut) sprechendes Geschwisterkind neben sich haben, von dem sie sich das Sprechen „abgucken" können.

Hinzu kommt, dass sich Mütter (und meist

Bärbel Koch

KORRIGIER MICH NICHT!

Sprechen lerne ich von selber

sind es ja die Mütter, die die Kinder in den ersten drei Jahren betreuen) erwiesenermaßen weniger um das jeweils einzelne Kind dieses Zwillingspaares kümmern (können). Die Aufmerksamkeit gilt meist beiden gleichzeitig oder sie ist insgesamt deutlich geringer als sie es wäre, wenn es nur ein Kind zu beaufsichtigen und zu bespaßen gäbe.

Wie aber kann man Zwillingen das (richtige) Sprechen beibringen? Wie kann man Sprache positiv vermitteln und nicht zu viel Stress aufbauen?

Bärbel Kochs Buch richtet sich nicht speziell an Zwillinge oder Drillinge und doch sind hier zahlreiche Ansätze enthalten, die Eltern aufzeigen, wie Sprache erlernt werden kann.

Die Logopädin mit über 25 Jahren Berufspraxis hat auf 120 Seiten übersichtlich dargestellt, woran es hapern kann und wie Eltern es besser machen können. Hier geht es um den Sprechenlernprozess, um (fehlenden) Blickkontakt, ums Fehlermachen, um Korrektur und ums Vorbildsein ... kurz, prägnant und mit vielen guten Ansätzen für Eltern und Kinder. **) Bewerbungen für das Buch bitte an info@twins.de*

Bärbel Koch, „Korrigier mich nicht. Sprechen lerne ich von selber", Verlag Bärbel Koch, ISBN 978-3-7450-5957-1, 12,80 Euro.

Plötzlich Unsicherheit, wie es richtig ist ...

Maja und Leni waren die letzten Kindergartenjahre in getrennten Gruppen. Jetzt steht die Schule an. Und da eine Klasse zusätzlichen Unterricht hat, weiß Desiree nicht mehr, ob sie die Zwillingsmädchen in verschiedene Klassen geben soll, wenn der Unterricht so unterschiedlich ist ...

Da unsere zweieiigen Mädchen Leni und Maja dieses Jahr, nur ein Jahr nach ihrem großen Bruder Ole, in die Schule kommen, beschäftigt mich das Thema erneut. Schule - Trennung oder nicht?

Wir sind inzwischen in eine größere Wohnung gezogen, fühlen uns wohl und haben den Luxus, genau gegenüber der Grundschule zu wohnen.

Wir sehen sogar direkt in Oles Klassenzimmer. Der Start bei Ole war gut und nun heißt es eben dran bleiben. Er geht gerne zur Schule, aber muss auch einiges dafür tun, was ich manchmal sehr anstrengend finde.

Zusätzlicher Italienisch-Unterricht - nur für einen Zwilling?

Unsere Schule bietet in der ersten Klasse Italienisch an, was daran liegt, das früher sehr viele Gastarbeiter aus Italien hier in unserer Gegend lebten.

Für mich stand immer fest, dass ich die Mädels trennen werde. Das habe ich im Kindergarten schon so gemacht und als sehr positiv für beide empfunden. Nur anfangs, im Alter von zwei bis dreieinhalb Jahren waren sie zusammen in einer Gruppe. Auch für Leni und Maja war das so ok.

Die schüchterne Leni hat durch die Trennung enorm an Selbstvertrauen gewonnen und auch Maja fand sich gut zurecht in der Gruppe ohne ihre Schwester.

Glücklicherweise konnten wir nun für das letzte Kindergartenjahr noch in den Kindergarten wechseln, der ebenfalls vor der Tür liegt.

Meine Überzeugung kommt jetzt ins Wanken

Doch nun steht die Einschulung an und ich war immer davon überzeugt, dass ich sie auch getrennt einschulen würde. ABER ...

Die Klasse, die Italienisch hat, wird drei Stunden mehr Unterricht in der Woche haben (26 Stunden statt 23 Stunden) und wahrscheinlich wird es nur zwei Klassen geben. Gäbe es drei Klassen, würde sich das Problem von selbst lösen, denn dann gäbe es zwei Klassen ohne den zusätzlichen Italienischunterricht. Ich komme jetzt also ins Grübeln ...

Drei Stunden länger Schule?

Denn ich frage mich, möchte ich, dass eine der beiden drei Stunden mehr Unterricht hat? Wenn ja, welche soll das sein? Und welche der beiden schafft das besser?

An unserer Schule darf man bei der Schulanmeldung einen Freundeswunsch

![Familienfoto mit Eltern und drei Kindern, im Hintergrund eine Schultüte mit der Aufschrift OLE]

Noch haben die Zwillingsmädchen Maja und Leni gut lachen ... sie kommen erst im Herbst in die Schule - Bruder Ole hat den großen Schritt schon geschafft ...

angeben und Leni wünscht sich ihren Cousin Jonah in die Klasse. Bisher ist der Stand, dass Jonah in die „nicht Italienisch-Klasse" kommt. Das aber würde bedeuten, dass Leni zu Jonah und Maja dann in die Italienisch-Klasse käme.

Oder wäre eine Ganztagsschule was für Leni und Maja?

Ich tendiere mittlerweile auch zur Ganztagsschule, denn ich habe endlich eine neue Arbeitsstelle gefunden und dann hätte ich etwas mehr Luft.
Es wird so viel Neues sein ...
Aber zu all dem Schönen, was so eine Einschulung mit sich bringt, bekomme ich nun ein schlechtes Gewissen und das, wo ich doch immer so fest davon überzeugt war, dass ich weiß, wie ich es

richtig mache?! Das verunsichert mich und ich weiß noch nicht, wo es hinführt. Ich werde berichten, wie es weiter geht ... Herzliche Grüße - Desiree

Viele gute Anregungen

Hier beschreiben andere Eltern, wie sie die richtige Entscheidung gefunden haben.
Bei uns unter www.twins. de oder im Buchhandel: ISBN 978-3-927058-15-6

16. CATwins-Zwillings-treffen in Berlin: 15.9.

Eigentlich wollten Christian und Andreas, die CATwins aus Berlin, ihre jährlich stattfindenden Treffen einstellen. Doch das Bedauern und der Protest aus den Reihen der Zwillinge und Fans dieses Treffens hat das Brüderpaar zum Umdenken gebracht. Sie laden ein zum 16. CATwins-Treffen in Berlin. Auch für Zwillingseltern sind solche Treffen interessant, geben sie doch einen guten Einblick in das Zwillings-Dasein.

Hallo liebe Zwillinge und Zwillingseltern!

Wir möchten Euch alle ganz herzlich zum nächsten CATwins Zwillingstreffen einladen. Wir werden unser 16. Zwillingstreffen am 15. September 2018 veranstalten.

Karstadt am Hermannplatz

In diesem Jahr rücken wir das Thema „Kunst und Kultur" näher in den Fokus. Dazu treffen wir uns um 10:30 Uhr im Restaurant des Karstadt Warenhauses am Hermannplatz, wo wir dann auch gleich Eure Anmeldungen entgegen nehmen werden. Dieses befindet sich in der 4. Etage und verfügt neben einem großzügigen Innenraum auch über eine schöne Dachterrasse. Wir haben dort Plätze reserviert, damit wir alle zusammen sitzen können. Im Rahmen der Selbstbedienungsmöglichkeit dürft Ihr selber entscheiden, was Ihr gerne essen und trinken möchtet.

Um 11:00 Uhr stellen wir uns dann für das traditionelle Gruppenfoto auf. Hier sind dann auch wieder unser Fotograf von Foto Kirsch und verschiedene Medienvertreter aus Presse und Fernsehen anwesend.

Als besondere Ehrengäste zu unserem Zwillingstreffen begrüßen wir Nina und Julia Meise, die als „Ratiopharm-Zwillinge" deutschlandweit bekannt sind. Sie werden in einer Autogrammstunde ihr Buch „Zu zweit ist man weniger allein" signieren lassen. (Anm. d. Red.: Das Buch haben wir in ZWILLINGE- DAS MAGAZIN Ausgabe 29 vorgestellt.) Die Bücher könnt Ihr in der Hugendubelfiliale im Erdgeschoss erwerben. Es werden an diesem Tag Exemplare in ausreichender Stückzahl vorhanden sein.

Neukölln Arcarden: Filmvorführung & Zwillingsaktion

Nach dem Mittagessen werden wir die Neukölln Arcarden besuchen, die wir auf einem kurzen Fußweg erreichen können. Alternativ könnt Ihr auch mit der U-Bahn Linie 7 Richtung Rudow eine Station bis zum Bahnhof „Rathaus Neukölln" fahren.

Dort werden wir uns im Cineplex Kino gemeinsam einen schönen Film ansehen. Zurzeit ist noch nicht bekannt, welche Filme laufen werden. Wir werden dann später über unsere Facebook-Seite Euch abstimmen lassen, welchen wir uns alle ansehen werden.

Zu dieser Vorstellung wird es auch eine „Zwillingsaktion" geben, über die wir dann im Internet berichten werden.

Stars in Concert

Nach dem Kinobesuch habt Ihr etwas Freizeit, die Ihr nach Euren Wünschen gestalten könnt. Abends treffen wir uns dann alle wieder im „Estrel Festival Center" (Sonnenallee 225 in 12057 Berlin), wo wir uns um 20:30 Uhr die Show der Doppelgänger „Stars in Concert" ansehen werden. Wir werden von berühmten Größen aus der Musik- und Popszene mit ihren Welthits unterhalten, die als täuschend echte Doubles agieren. Für die Karten der Preiskategorie 1 bekommen wir einen Nachlass, sodass Ihr pro Karte nur 40 Euro bezahlen müsst. Wenn die Show buchbar ist, bekommen wir ein Kontingent auf die Plätze, die Ihr dann selber reservieren und bezahlen könnt. Das Stichwort dazu werden wir Euch dann mitteilen.

Wir haben in diesem Jahr mit Kooperation der A&O Hotelkette wieder die Möglichkeit geschaffen, für Euch alle eine gemeinsame Übernachtung mit Frühstück anzubieten.

Zum Auftakt am Abend davor

Wir wollen uns auch wieder am Freitagabend, dem 14. September ab 18:00 Uhr, zum gemütlichen Beisammensein im Biergarten „Zenner" treffen, der bei

Julia und Nina Meise

Zu zweit ist man weniger allein

Von Seelenverwandtschaft, Verwechslungsgefahr und großen Zielen

mvgverlag

Kommen auch nach Berlin - Nina und Julia Meise. Das Buch vom mvg-Verlag ist im Buchhandel erhältlich. Und wir haben es noch da und geben es gern weiter für einen Beitrag in ZWILLINGE - DAS MAGAZIN.

allen Wetterlagen drinnen und draußen genügend freie Plätze bietet.
Weitere Infos unter:

www.zwillingstreffen.de

Viele Grüße von den CAtwins Zwillingen
Christian und Andreas Bergel

Kreuzfahrterfahren: die Zwillingsmädchen von Katja

Entspannt: Kreuzfahrt mit Zwillingen

Mit Kindern auf ein Schiff? Warum nicht. Unsere Autorin Katja Masin hat nur positive Erfahrungen gemacht und freut sich schon auf die nächste Kreuzfahrt mit ihren Zwillingen. Der Vorteil: Jede Menge Action an Bord, selbst nur genießen und tolle Städte und Länder besuchen.

Dieses Jahr fuhren wir zum zweiten Mal mit den Kindern mit der AIDA und ich kann es sehr empfehlen.

Die Reise wählten wir so aus, dass wir in Hamburg an Bord gingen. So gestaltete sich die Anreise mit dem Zug und einer Reservierung im Kinderabteil unkompliziert.

Eine Kabine mit zwei Stockbetten reicht uns.

Viel Gepäck kann man nicht mitnehmen, da die Kabinen nicht sehr groß sind, aber es gibt an Bord einen Waschraum mit Trocknern, so dass man schnell seine Wäsche wieder sauber und trocken hat.

In der Kabine gibt es zwei Stockbetten, die Kinder schliefen unten (aus Sicherheitsgründen, was auch nicht anders erlaubt ist) und wir oben.

Ein kleines Bad und ein kleiner Tisch, sowie Schränke und Nachttische sind ebenfalls in der Kabine, also alles was man braucht.

Die AIDA-Mitarbeiter und -Mitarbeiterinnen sind sehr kinderfreundlich. Es gibt für die Kinder ein Spielzimmer, man kann sich auch Bücher und Spielsachen dort ausleihen und es gibt eine tägliche Betreuung im KIDS Club, für die sich die Erzieherinnen sich täglich ein schönes Programm ausdenken. Eltern können die Kinder dort auch zu einzelnen Angeboten betreuen lassen, wer möchte, kann auch mit dem KIDS Club zum Essen gehen.

Unsere Kinder freuten sich immer auf das Nachmittagsprogramm dort und wir genossen in diesen zwei Stunden den Spa-Bereich oder verbrachten die Zeit mit Lesen im Liegestuhl.

Die Shows am Abend haben unseren Kindern auch sehr gut gefallen und im Anschluss gingen wir manchmal noch an Deck das Tanzbein schwingen.

Tagsüber, wenn wir an Land waren, verbrachten wir die Zeit mit schönen Ausflügen und Stadtbesichtigungen.

Für die Kinder gibt es an Bord auch einen eigenen Außenpool, so dass die Kinder auch jederzeit plantschen können, was unsere Mädchen gerne gemacht haben - siehe nächste Seite.

Endlich mal nicht selber einkaufen und kochen müssen ...

Besonders genossen haben wir die Frühstücks-, Mittags- und Abendbuffets. Es gibt fantastisches Essen für jeden Geschmack rund um die Uhr und bestimmt werden mir andere (Zwillings)eltern zustimmen: Es ist doch herrlich, sich nicht um Einkaufen, Kochen und Abwasch kümmern zu müssen, sondern einfach zu schlemmen.

Seekrankheit genetisch bedingt?

Zum Thema Reiseübelkeit gab es auch interessante Erkenntnisse. Dabei scheint es sich nicht um eine genetische Veranlagung zu handeln, denn eine meiner eineiigen Töchter wurde wie ich seekrank, die andere war putzmunter.
Zum Glück hatten wir aus der Apotheke schon vorsorglich einen Saft gegen Reiseübelkeit besorgt und so überstanden wir auch diesen Tag.

AIDA-Kreuzfahrten bringen einen überall hin.

Insgesamt kann ich Urlaub mit der AIDA nur empfehlen, man sieht tolle Reiseziele, kann an Bord vieles erleben und genießen und es ist ein sehr befreiendes Gefühl von Bord aus aufs weite Meer zu blicken." Katja Masin*)

Coole „Girls" mit coolem Drink im coolen Pool - AIDA macht Spaß! Kreuzfahrten mit Kindern - mehr unter www.aida.de

Zwillinge und ihre Persönlichkeitsentwicklung

*) Katja Masin, die so gerne auf der AIDA auf unseren Meeren herumschippert, hat eines unserer wichtigsten Bücher geschrieben: Hier geht es um die Persönlichkeitsentwicklung von Zwillingen und damit um ihre Individualität. Das Buch gibt es bei uns unter www.

twins.de und im Buchhandel. ISBN 978-3-927058-69-9.

AIDA-Kreuzfahrt-programm für Familien

Kreuzfahrten mit Kindern? Ist denen nicht zu langweilig? Von wegen. An Bord eines Kreuzfahrtschiffes gibt es jede Menge Unterhalten und auf Familienkreuzfahrten ist das Programm ganz auf die kleinen Gäste abgestimmt. Mehr dazu unter www.aida.de

Da gibt es zum Beispiel AIDA-Kabinen für Familien. Und Kinder unter zwei Jahren reisen auf AIDA kostenlos mit. Kinder von 2 bis 15 Jahren reisen zu bestimmten Saisonzeiten kostenlos und ansonsten zu günstigen Festpreisen in der Kabine der Eltern. Dazu profitieren Sie bei Buchung zum AIDA PREMIUM oder AIDA VARIO Tarif von familienfreundlichen Kinderflugpreisen.

Und es gibt Familienkabinen mit Verbindungstür: Kinder von 2 bis 15 Jahren in der eigenen Kabine erhalten 35 % Ermäßigung, Jugendliche von 16 bis 24 Jahren 25 %. .

Für die ganz Kleinen sind auch Babybetten je nach Kabinenkategorie verfügbar.

Die Programme für Kinder sind auf deren Alter abgestimmt. Es gibt einen AIDA Krabbeltreff für die Kleinsten, die Größeren können an Bord an Bastelworkshops teilnehmen und für Teenager werden unter anderem Foto-Rallyes, Fitnesskurse und vieles mehr veranstaltet.

Und auch die Ausflüge sind familienfreundlich gestaltet. Für ältere Kinder gibt es speziell geführte Ausflüge an Land und die Eltern können sich das in Ruhe anschauen, was Teenies „langweilig" fänden ...

Lust auf Kreuzfahrt bekommen? Dann einfach auf die Internetseite gehen und die Sparte „Familienkreuzfahrten" besuchen ...

Die besten Urlaubs-Apps für Familien

Der schönste Urlaub beginnt oft mit ... mit Stress. Jedenfalls meistens. Denn es heißt Kofferpacken, meist auch für die Kinder, die das selbst noch nicht können. Dagegen gibt's eine praktische App. Und weitere Apps gibt's für Urlaubslektüre und das Umrechnen von Fremdwährungen.

Entspannt in den Urlaub - mit kleinen Zwillingen nicht immer so einfach. Koffer müssen gepackt, lange Strecken bewältigt und vor Ort Ruhe gefunden werden. Dass das nicht immer auf Anhieb gelingt, ist klar. Die Kinder sind unruhig in der neuen Umgebung, das Bett fühlt sich ungewohnt an, das Lieblingskuscheltier liegt noch zu Hause. Gegen diese erschwerten Umstände gibt es kein Patentrezept. Außer ruhig zu bleiben. Und das gelingt einfacher mit guter Reisevorbereitung, entspannender Urlaubslektüre und rascher Hilfe gegen Abzocke von müden Mamas und Papas.

Readly hat die drei besten Urlaubs-Apps für Eltern gefunden:

Hilfe beim Kofferpacken

Vor dem Urlaub steht für jeden die große Herausforderung an: Koffer packen und nichts Wichtiges vergessen. Das dauert meist ewig, weil man sich vorher zu wenig Gedanken darüber gemacht hat, was notwendig ist. Und plötzlich rennt die Zeit, vor allem für Eltern. Schließlich müssen die Koffer der gesamten Familie gepackt werden.

Für sie ist die kostenlose App „Pack The Bag" ein Segen, denn es ist alles enthalten: vorgefertigte Checklisten für das

Packen von Koffern, Taschen und Rucksäcken sowie einzelne Rubriken, wie Sommer- oder Winterurlaub und Reiseapotheke.

Man kann mit der App auch eigene Listen anlegen und später beim Einpacken systematisch abarbeiten. Das gilt übrigens für alle Familienmitglieder! So werden die Kinder an das wichtige Strandspielzeug erinnert und der Papa daran, dass er unbedingt den Fotoapparat einpacken muss.

Erhältlich ist „Pack the Bag" kostenlos für iOS. Android-Nutzer können sich mit ähnlichen Apps wie beispielsweise „PackPoint" behelfen.

Entspannende Urlaubslektüre

Die Gepäckvorschriften der Airlines werden immer restriktiver. Für jedes Kilogramm zu viel im Koffer müssen Urlauber zahlen. Wer im Handgepäck Zeitschriften für den Sommerurlaub mitnehmen möchte, erreicht schnell das zulässige Maximalgewicht. Doppelt und dreifach bitter ist das für Familien, deren Koffer meist ohnehin schon aus allen Nähten platzen dank Strandmuschel und Gummikrokodil.

Doch es gibt eine smarte App, mit der Mama, Papa und die Kinder unbegrenzt und kostengünstig lesen können. „Readly" ist die Magazin-Flatrate, die der gesamten Familie für 9,99 Euro/Monat an fünf mobilen Geräten Zugriff auf über 2.200 Magazintitel ermöglicht - davon 600 deutschsprachige. Und da man bei Sonne am Meer richtig abschalten und ohne WLAN sein will, kann man sich schon vor dem Urlaub bis zu 500 Zeitschriften herunterladen und diese am Strand im Offline-Modus lesen. Für jedes Hobby und jede Leidenschaft findet sich das richtige Magazin: Von auto motor und sport über DECO Home und Cosmopolitan bis zur Bravo und Bummi für Kinder ab drei Jahren. Verfügbar für iOS und Android.

PS. ZWILLINGE - DAS MAGAZIN wird dort noch nicht angeboten ...

ZWILLINGE - DAS MAGAZIN gibt's noch nicht bei Readly. Wiegt aber auch nicht so viel ...

Währungsumrechner-App gegen Abzocke beim Bezahlen

In den meisten europäischen Urlaubsländern heißt die Landeswährung „Euro". Es gibt aber auch Urlaubsländer - wie zum Beispiel Kroatien - da muss noch die Landeswährung umgerechnet werden. Damit das schnell, einfach und aufs Komma genau geht und keine Mama und kein Papa per Kopfrechnen um-

ständlich mit Zahlen jonglieren muss, gibt es Apps wie den Währungsrechner „Finanzen 100".
Damit lassen sich über 150 Währungen einfach und, was das Beste ist, online und offline umrechnen. So haben Sie den Kurs immer im Blick und wissen, wie viel Sie bei Ihren Einkäufen im Urlaubsland bezahlen. Verfügbar ist die kostenlose App für Android und iOS.

... ZWILLINGE - *das Magazin*

Folgende Ausgaben unserer neuen Zeitschrift sind jederzeit & immer zu haben unter www.twins.de und auf allen gängigen Internet-Buchbestell-Portalen. Als Buch für 9,90 €, als E-Book für nur 7,99 € (nur bis Ausgabe 17). Von Ausgabe 01 bis inklusive Ausgabe 20 wurde das Magazin unter dem Titel: „Das neue ZWILLINGE Magazin" veröffentlicht. Danach haben wir die Zeitschrift umbenannt, damit sie im Internet besser gefunden wird.

- Das neue ZWILLINGE Magazin - Ausgabe 01: ISBN 978-3-927058-22-4 (print 9,90 €)
- Das neue ZWILLINGE Magazin - Ausgabe 02: ISBN 978-3-927058-25-5 (print 9,90 €)
- Das neue ZWILLINGE Magazin - Ausgabe 03: ISBN 978-3-927058-28-6 (print 9,90 €)
- Das neue ZWILLINGE Magazin - Ausgabe 04: ISBN 978-3-927058-32-3 (print 9,90 €)
- Das neue ZWILLINGE Magazin - Ausgabe 05: ISBN 978-3-927058-36-1 (print 9,90 €)
- Das neue ZWILLINGE Magazin - Ausgabe 06: ISBN 978-3-927058-53-8 (print 9,90 €)
- Das neue ZWILLINGE Magazin - Ausgabe 07: ISBN 978-3-927058-60-6 (print 9,90 €)
- Das neue ZWILLINGE Magazin - Ausgabe 08: ISBN 978-3-927058-65-1 (print 9,90 €)
- Das neue ZWILLINGE Magazin - Ausgabe 09: ISBN 978-3-927058-67-5 (print 9,90 €)
- Das neue ZWILLINGE Magazin - Ausgabe 10: ISBN 978-3-927058-73-6 (print 9,90 €)
- Das neue ZWILLINGE Magazin - Ausgabe 11: ISBN 978-3-927058-79-8 (print 9,90 €)
- Das neue ZWILLINGE Magazin - Ausgabe 12: ausverkauft
- Das neue ZWILLINGE Magazin - Ausgabe 13: ISBN 978-3-927058-84-2 (print 9,90 €)
- Das neue ZWILLINGE Magazin - Ausgabe 14: ISBN 978-3-927058-90-4 (print 9,90 €)
- Das neue ZWILLINGE Magazin - Ausgabe 15: ISBN 978-3-927058-93-4 (print 9,90 €)
- Das neue ZWILLINGE Magazin - Ausgabe 16: ISBN 978-3-927058-95-8 (print 9,90 €)
- Das neue ZWILLINGE Magazin - Ausgabe 17: ISBN 978-3-927058-97-2 (print 9,90 €)
- Das neue ZWILLINGE Magazin - Nr. 18: ISBN 978-3-927058-99-6 (nur print - 7,99 €)
- Das neue ZWILLINGE Magazin - Nr. 19: ISBN 978-3-927058-39-2 (nur print - 7,99 €)
- Das neue ZWILLINGE Magazin - Nr. 20: ISBN 978-3-927058-43-9 (nur print - 7,99 €)
- ZWILLINGE - DAS MAGAZIN - Nr. 21: ISBN 978-3-927058-46-0 (nur print - 7,99 €)
- ZWILLINGE - DAS MAGAZIN - Nr. 22: ISBN 978-3-743141-65-0 (nur print - 7,99 €)
- ZWILLINGE - DAS MAGAZIN - Nr. 23 nicht erschienen
- ZWILLINGE - DAS MAGAZIN - Nr. 24 ISBN 978-3-7431-6633-2 (print 7,99 €)
- ZWILLINGE - DAS MAGAZIN - Nr. 25 ISBN 978-3-7431-7302-6 (print - 7,99 €)
- ZWILLINGE - DAS MAGAZIN - Nr. 26 ISBN 978-3-7448-1375-4 (print - 7,99 €)
- ZWILLINGE - DAS MAGAZIN - Nr. 27 ISBN 978-3-7448-6986-7 (print - 7,99 €)
- ZWILLINGE - DAS MAGAZIN - Nr. 28 ISBN 978-3-7448-9922-2 (print - 7,99 €)
- ZWILLINGE - DAS MAGAZIN - Nr. 29 ISBN 978-3-7460-1535-4 (print - 7,99 €)
- ZWILLINGE - DAS MAGAZIN - Nr. 30, ISBN 978-3-7460-6536-6 (print - 7,99 €)

Jedes Magazin (Buch) im Internet oder über www.twins.de
Ausgaben 01 - 17 und ab Ausgabe 24 auch wieder als E-Book auf
Amazon & anderen Portalen für 5,99 €.

Nächste Ausgabe: ZWILLINGE - DAS MAGAZIN -
Ausgabe 32 = Mai/Juni 2018 voraussichtlich ab 28. Mai 2018*)

*) da das Heft bei Books on Demand produziert wird, können wir keinen definitiven Termin für das Erscheinen angeben, da wir auf die Produktionszeiten von BoD keinerlei Einfluss haben.

Warum machen Sie so viel Mist, Frau von Gratkowski?

Tja, warum tut man sich das an? Diesmal habe ich mir gedacht, wir sollten unser Jubiläumsheft abschließen mit den schärfsten Kritiken, die ich in den letzten Jahren bekommen habe. Denn sich selbst auf die Schulter klopfen, kann ja jeder ... fiese Kritik muss allerdings verkraftet werden.

Weinen, bis der Arzt kommt ...

„... Beim weiteren Durchblättern der Zeitschrift bin ich dann darauf gekommen, dass es sich bei Ihnen ja um die Autorin des Werkes ‚Zwillinge, mit ihnen fertig werden ohne selbst fertig zu sein‘ handelt.

Dieses Buch, sehr geehrte Frau Gratkowski, hätte mich fast um das größte Glück meines Lebens gebracht. Nach der Lektüre habe ich tagelang geweint und war der Meinung, diese scheinbar unüberwindbare Aufgabe, niemals lösen zu können.

Falls Ihr Ansatz für dieses Buch war, Zwillingseltern Mut zu machen, kann ich Ihnen nur sagen: Thema verfehlt ...“ (Anja K.)

Bücherverbrennung - sofort!

„Ich bin soeben auf Ihre Homepage gestossen und wollte dort mal ein bisschen stöbern, da ich im nächsten Jahr Mutter von Zwillingen werde ... als ich unter Ihren Buchtipps allerdings das Buch ‚Jedes Kind kann schlafen lernen‘ entdeckte, war ich entsetzt!

Es interessiert mich (als Mutter, Hebamme und Sozialpädagogin), warum Sie dieses Buch in Ihrer Liste haben und wie Sie gleichzeitig ratgeberisch für Eltern tätig sein wollen!? Dankeschön für eine Antwort!“ Viele Grüße - Eike S.

Übrigens: dilettantisch schreibt man mit einem „l“ ... (und 2 „t“)

„...Insgesamt wirkt das Heft billig und uninspiriert. Wir haben das Jahres-Abo geschenkt bekommen, bezahlen würde ich für diese Ansammlung **dilletantischer** Reiseberichte anderer Zwillingseltern nicht.“ (Hannes H.)

Tja, lieber Hannes, wenn man sich schon beschwert (mit einer ellenlangen 6-Punkte-Litanei), sollte man wenigstens kein **Dilettant** sein. Dieser Rechtschreibfehler, der ja durchaus mal vorkommen kann, hat mir damals die Laune gerettet ;-))

Humor ist, wenn man trotzdem lacht.